灵石名胜文化

侯可 著

山西出版传媒集团

山西人民出版社

神游故土又一番（代序）

——读侯可《灵石名胜文化》随感

温 暖

望九之年，周身老化，时常蜗居斗室，很难随心所欲地单独远行，很难轻易轻松地回到自己最最牵记的故乡故土"伊甸园"，就只能在独处时默默地思念了，思念我曾经自以为很熟悉的那些山川风物，思念我上学、工作过的那些乡村和县城。而每当此时此刻，倘能偶然听得一句方言乡音，或从电视、报刊上看到一些熟悉的文字、画面，那就更会兴奋多时多日了。因为我的童年青春，都是在家乡度过的，我退休后到80岁之前的一点点生命余热，又还是倾注在那片土地上的。每有朋友指责我过分恋旧恋乡没出息，我都会理直气壮地回应：连家乡都不热爱的人，他果能真正地热爱祖国吗？

上月中旬，乡友侯可来，带着他写就的一袋关于灵石历史风物的书稿要我看看并写篇序言。我首先是欣喜，因为这些较全面反映家乡概貌的文字，会给我神游这方热土的一次机会，同时更觉得后生可畏、后生可爱。果然果然。因其父亲也曾是灵石文化界人士，并和我同行同道多年，故朴实聪慧、勤奋好学的侯可在其孩提时早已认识，早有印象，只是多年不见，才知他早已耳濡目染了许多知识，早已大学毕业，早已在省级文化部门工作，早已写出过一册关于家乡文史的作品。眼下，年富力强，又乐于探索，乐于考究，乐于躬耕，他的笔下定会是丰润的累累果实，任我目昏耳聩，精力衰退也还想力争过目一遍，徜徉于如此这般的文化故土之上。只是要我写序，感到很难很难。因我对家乡的历史名胜、山川风物等，仅限于多年的耳闻目睹，仅限于因公需要时偶尔从某一书本典籍上得到的一知半解，从未深入了解，极少深入考察，更无全盘综览、全面研究。我虽多年在县文化馆工作，但那是改革开放之前，当时县上还没有单独的图书馆、博物馆、文管所，等等，而这些方面的工作都属文化馆，都要由仅有的六七个最多十一二人承担。要整理报刊图书每日开放阅览，要编印演唱材料辅导业余剧团，要培训文艺骨干组织各种晚会，要普查全县文物及时实地勘测，还要及时更换墙报、画廊、黑板报和举办必要的专题展览，及时准备参加上级业余文艺调演，及时为全县的各种大会布置会场、组织晚会，以及每年要有的全县业余文艺汇演和培训盲艺人，等等。甚至在 1958 年前的一段时期，还要组织城乡居民收听重要广播。头绪多、头绪乱，学中干、干中学，每日大都在应酬应对中忙乱，根本谈不上研究考察，以致当时的文化馆人员曾被不少人戏称为"万金油"干部。

近些年，每每听到或见到家乡有人编写出除县志外的一些史志类版本，今又见到侯可的新作，自也很想浏览一番，却每次坐下来看一页两页三页，两眼便似浓雾弥漫，只得站起来活动片刻或闭目片刻后才能继续。如此，将近一个月时间，方才欣喜而又艰难地大体看完。尽管有不少的专业名词和引用的古典词语特别是对某些古碑文字不识不懂不解，还得翻字典词典，但终究还是囫囵吞枣地在猜想琢磨中看完了。其间，尽管是在稿本上神游，尽管是粗线条信步，但我还是不由自主地会在某一处某一点上驻足欣赏，仔细品味，力争深谙其字里行间的内蕴，从而也让我在此黄昏暮年之际，又得以开阔了一些视野，增长了一些知识。比如，石膏山、三清寨、介庙、红崖峡谷以及一些村庙等我都曾去过，有的还不止一次，可看过这本书稿，方才有了"原来如此"的顿悟。

一般说，家乡人写家乡大都是心志所向，情理情感所趋，是报答母爱的一种扩展和延伸，是一个人家国情怀的源头。我不能不对侯可在家乡文化建设的这个方面所做出的成绩和贡献，产生某种得意和谢意，从而更觉得"活到老学到老"之应该。

总体看来，全书虽对县内汾河西部较为闻名的一些村寨寺庙等着墨不多，但这既难免和作者因年龄、见闻、经历而产生的兴致不太充分或许有关，更和 20 世纪末河西因大大小小的公私煤矿大量挖采和无序开采有关。一个时期内，不少悄然冒出的"煤老板"，削尖脑袋，狠钻政策的空子，采取各种手段，偷挖乱采急发财，以致不少村落地下掏空，房倒屋塌，泉井断水，田园荒废，最终不得不"生态移民"，放弃祖居祖坟祖田，迁移到城郊或近河川地带重新谋生。好在进入新世纪、新时代以来，能源革命、乡村建设，一切都有了新政，一切都在向造福于广大人民群众的切身利益而发展，一切都有了更美好的希望。

　　许多被煤镐、煤钎和炸药"扫荡"过的古村落、古建筑，许多曾经亮丽多年的古迹名胜等，由于无可避免地也一同陷塌了、毁坏了、消失了，渐渐从人们的视线中、见闻中甚至话题中淡出了、断落了，这就必然地给眼下文化人的探询、采访造成越来越大的难度。但我相信，迟早总还会有热心人在各种传说传闻中有所记录，形诸文字。侯可同志倘若今后还能继续家乡风土的调查研究，还能继续编写此类文字，我相信，他定会贡献出更全面、更深刻的成果。

　　与此同时，我当然也衷心地期望在今后的日子里，侯可在其笔下还能以更远大的家国情怀，不断创作出、编写出其热心的、其他方面的更多更优秀的作品。

2020 年 10 月 23 日

　　温暖（温述光），生于 1932 年，山西灵石县人，原晋中市文联副主席，副编审，《乡土文学》副主编，著有散文集《乐园寻梦录》《晚秋旧梦录》，诗集《韵句明心录》等。中国散文学会会员，山西省作家协会会员。

目录

概 述 …………………………………………1

历史记忆

灵石老城…………………………………11

灵石县衙署………………………………14

灵石文庙…………………………………17

灵石城隍庙………………………………19

老城竹林书院……………………………22

老城鼓楼…………………………………25

灵石吕祖庙………………………………27

灵石文昌阁………………………………31

灵石清凉寺………………………………34

冷泉宫……………………………………37

冷泉关城…………………………………39

灵石口巡检司衙…………………………43

冷泉大云寺………………………………45

历史遗存

三湾口遗址………………………………49

1

目录

旌介遗址·····················52

冷泉关遗址·················58

灵石古道·····················61

韩信岭·························67

韩信墓与韩信庙···········70

灵石古八景·················73

仁义古镇·····················90

静升古镇烽火台···········96

静升王氏佳城···············99

静升九沟民居···············102

静升十八巷···············106

静升八堡·····················116

旌介古堡·····················126

集广古堡·····················130

尹方古堡·····················132

苏溪古堡·····················135

夏门古堡·····················136

董家岭古村落···············139

冷泉古村落···············142

雷家庄古村落···············146

静升怀永图院···············150

苏溪耿文光宅院···········153

静升三元宫与观音阁······155

静升龙王庙与极乐庵······157

旌介龙天庙与关帝庙······158

旌介朝阳庵·················160

集广龙天庙与西庙·········161

尹方古庙宇·················163

灵 石 ·················169

静升古镇·················172

王家大院·················176

静升古民居选粹·················184

资寿寺·················198

静升后土庙·················204

静升文庙·················207

静升魁星楼·················212

静升万仞宫墙·················215

静升文笔塔·················217

静升明清街·················220

静升文昌宫·················223

静升八蜡庙·················225

静升三官庙·················227

静升关帝庙·················229

旌介文昌阁·················231

苏溪文昌阁·················232

南浦天齐庙·················234

夏门关帝庙·················236

静升西王氏宗祠·················238

静升西王氏孝义祠·················241

静升东王氏宗祠·················243

静升孙氏宗祠·················245

集广何氏宗祠·················247

南原任氏宗祠·················249

静升古牌坊·················250

夏门百尺楼⋯⋯⋯⋯⋯⋯⋯257

两渡秋晴桥⋯⋯⋯⋯⋯⋯261

马和晋祠⋯⋯⋯⋯⋯⋯⋯263

介 林 ⋯⋯⋯⋯⋯⋯⋯⋯265

介 庙 ⋯⋯⋯⋯⋯⋯⋯⋯268

石膏山⋯⋯⋯⋯⋯⋯⋯⋯271

石膏山天竺寺⋯⋯⋯⋯⋯279

石膏山白衣寺⋯⋯⋯⋯⋯281

石膏山龙王祠⋯⋯⋯⋯⋯283

石膏山铁佛寺⋯⋯⋯⋯⋯285

西许周槐⋯⋯⋯⋯⋯⋯⋯287

红崖峡谷⋯⋯⋯⋯⋯⋯⋯290

三清寨⋯⋯⋯⋯⋯⋯⋯⋯293

附 录

附录一 历史传说 ⋯⋯⋯⋯298

附录二 诗文歌赋 ⋯⋯⋯⋯320

附录三 碑文选录 ⋯⋯⋯⋯335

后记⋯⋯⋯⋯⋯⋯⋯⋯⋯⋯352

概　述

　　灵石县位于山西省中南部，处晋中盆地与晋南盆地交界处。东临巍巍太行，西望吕梁群山，滔滔汾水绕开县城由北蜿蜒南去。两岸山峦起伏，沟壑纵横，为三晋腹地之咽喉要塞，素有"燕冀之御，秦晋通衢"之称。境内属黄土高原地带，东西 54 千米，南北 39 千米，总面积 1206 平方千米，辖 6 镇 6 乡 291 个行政村 533 个自然村①。同蒲铁路、京昆高速公路、108 国道、大西（大同—西安）高铁纵贯县境，交通十分便利。

　　灵石县资源丰富，物华天宝，素有"矿藏之乡"的美誉，拥有红（铁矿）、黄（硫黄）、蓝（焦炭）、白（石膏）、黑（煤炭）五色矿藏，且尤以煤为最，现已探明的含煤面积达 860 平方千米，储量 97 亿吨，其中优质主焦煤 12 亿吨，为全国 50 个产煤县和五大重点焦煤产区之一；石膏储量为 17.2 亿吨，平均纯度 95% 以上，为华北第二大矿床；

────────────

① 文中所指的 6 镇 6 乡及 291 个行政村和 533 个自然村，为 2021 年 4 月 26 日前的行政区划。

硫矿储量为 2 亿吨，矿石品质高，成品杂质含量低于百分之一；石灰石储量为 26.4 亿吨，为全省重要的建材、化工原料基地。此外，还有铜、铝、锰、钼、铈、钽、长石、磷、锑族稀土等 30 多种稀有金属和非金属矿储存。

灵石县历史悠久，文化灿烂，约在万年以前，这里就已有先民劳作、繁衍、生息。1974 年辖内旌介村出土的石铲、石锛、石斧等一批新石器时期的文物足以说明这一推断。又据史料可知，城东静升、旌介一带，为殷商晚期"喜"部落的方国区域。1976 年、1984 年、1997 年和 2005 年，先后在旌介古墓群中出土的一大批青铜器、骨器、玉器、陶器等国家一级文物，充分印证了这一说法。此外，公元前 4000—前 3000 年，大禹于此治水留下"打开灵石口，空出晋阳湖"的千古佳话，以及秦汉时期在雀鼠谷北口设立冷泉关的史料记载等，都证明了灵石地域文化的久远。

据明万历二十九年版《灵石县志》记载，尧时未有灵石此名，地属并州之域，历经夏、商、周无改。战国时属魏、赵。秦统一天下立郡县制，当时灵石一带归太原郡介休县所辖，延续至两汉。隋开皇十年（590），文帝杨坚驾幸太原，傍河开道获一石，有文曰"大道永吉"，因以为瑞，遂割介休西南地建设县治，取名"灵石县"，迄今已有 1400 余年的历史。

灵石县名胜古迹众多，历史人文丰富。置县之后，随着朝代更替和社会的发展，灵石县在政治、经济、文化、教育等方面不断发展。据有关资料显示，隋唐时期，境内城池的创立、山地的开垦、河道的治理、石堰塝田的开拓、村落房屋及渠道的建设等，都曾考察到明显的痕迹。此外，辖内苏溪村创建于唐咸通十一年（870）、重修于宋的资寿寺，即为宗教文化方面可以见到的直观例证。而后至宋元明清时期，灵石县的城乡文明发展，更是一代胜于一代。表现在人们居住条件的变化、谋生出路的拓宽、文化设施的建设、私塾义学的开办、生活习俗的丰富等各个方面。纵观历史，特别是明清时期，一方面庙堂和居民的青砖窑洞日益增多，另一方面，士农工商等诸业的发展也表现得十分突出，涌现出两渡何家、静升王家、夏门梁家、张家庄杨家四大家族和蒜峪陈家、苏溪耿家、玉成吴家、金旺裴家、仁义郭家、军营坊景家、王禹牛家、枣岭胡家八小家族，以及师范、李武功、裴继芳、吴珉、孟太真、何道深、梁中靖、杨尚文、王梦鹏、王如玉等一大批仁人志士。这些有形和无形的人文资源，不仅赋予灵石值得炫耀的谈资，也直接或间接地创造了一批可观的精神文化财富，为研究灵石的历史和弘扬民族文化提供了极其丰厚的宝贵资源。这些资源的形成与积淀，如果从灵石的历史演变发展过程看，不论是政治变革还是经济发展，也不论是人们的风情习俗还是生活起居等，在广义的文化层面上，最直观的就是分布在县域东西南北的那些闪耀着文明印记的名胜古迹。归纳起来主要表现在以下几个方面。

一、宗教文化

据有关史料显示，早在唐代宗教文化便开始渗透进来。前面提到的城东苏溪村创建于唐咸通十一年（870）、重修于宋的资寿寺，城北冷泉关创建于唐武后载初元年、武周天授元年（690年，载初元年、天授元年为同一年，即公元690年）的大云寺（今已不存）和创建于唐大和四年（830）的天圣寺（今属介休市），以及城西南（今坛镇乡）杨家山村创建于唐的多宝寺等都证明了这一点。据说绵山脚下马和境内的介庙建于春秋时期，比这些寺庙还早，但只是传说而已，没有翔实的记载。至金明昌年间，在城南韩信岭韩信墓前创建了韩侯庙。宋末至元代，又创建了静升后土庙、静升文庙、县城文庙（今已不存）、马和晋祠、葫芦头村广禅侯庙、景家沟二郎庙等。

进入明清两代，宗教文化的发展达到鼎盛。据不完全统计，从县城到乡村兴建的各类大小寺观庙宇达500余座，祖庙宗祠150余座。其中河东静升、马和一带的寺庙及祖庙宗祠占了很大比重，而且至今保存下来的数量，就村镇而言，在全县、全市乃至全省仍位居前列。正因为这方土地文化蕴涵之深厚，2003 年 10 月，静升古镇被列为第一批全国历史文化名镇，并位于榜首。

二、民居文化

隋唐时期，相传县域乡村的居所大都为靠崖壁挖掘的土窑洞，石木房及砖瓦房极少。至宋元时，砖瓦房逐渐多了起来，但土窑洞仍属主流。到明清时期，随着社会文明的进步，人们的思想观念有了很大转变。尤其是对居穴的认识，不但有了新的概念和追求，而且在许多方面都有了较大的发展。譬如对栖居地的选择，一方面十分看重方向与位置，另一方面，对居所的形式、环境、设施及防御功能等，都有了实际而长远的构想。这标志着人们以家园为中心的生存模式已经形成。

据有关史料显示，灵石置县以后，在历经唐、宋、元、明、清的漫长过程里，由于屡有战乱和外敌侵袭，人们对居所的防御性能看得非常重要，特别是进入元明清时期，沿河村舍都纷纷筑堡连巷，聚村人或聚族而居。譬如，城北的冷泉关一带，继早年间建起的约 4 万平方米的冷泉关城之后，又先后建起 2.5 万平方米的冷泉寨（又名冷泉堡）及索洲堡、桑平堡等；城东建有上村堡、南浦堡、苏溪堡、静升堡、旌介堡等；城南建有夏门堡、仁义堡（建于隋末唐初）等，而且这些民居建筑群大都建在山上地势险要之处，防御性能极强。

除此之外，明清时期人们之所以大兴土木，造堡建宅，还有一个很重要的因素，就是受两朝提倡所谓大家庭礼制思潮的影响，不少商人和在外做官者，为不忘水源木本，落叶归根，光宗耀祖，炫耀门庭，在拥有钱财和权势之后，便不惜巨资在家乡修建豪宅。如本邑的两渡何家、静升王家、夏门梁家、张家庄杨家四大家族，凭借家族丰厚的资财和在外做官族人的权势，在各自的村舍分别建有豪宅。其中尤以静升王家为最，其由明至清，在村中建造了"五巷六堡五祠堂"，总占地面积达 25 万平方米之巨。其中 1996 年和 1998 年先后修复开放的视履堡、恒贞堡，被许多人誉为"中国民间故宫""华夏民居第一宅"。其于 2006 年以独特的历史文化价值，被列为全国重点文物保护单位，同年 12 月，又被列入"中国世界文化遗产预备名单"。还有今夏门镇的梁氏古堡和张家庄的杨家大院，其主体建筑框架至今基本保存完好，被列为重点保护的民居建筑。

此外，这一时期，县域各村落除筑堡连巷聚居成风外，多数民居也大都由土窑洞发展为砖窑洞和砖瓦房，而且有不少经济条件较好的居民还将院落扩建为二进或三进四合院落。据了解，全县有一部分村落的民居建筑至今仍保存较为完好。譬如，南关镇的董家岭村、两渡镇的冷泉村（即冷泉堡）、英武乡的雷家庄村和王禹乡的枣岭村等，尽管各自的整体建筑都有不同程度的损毁，但大部分保持了原有的历史风貌。其中王家岭村、冷泉村和雷家庄村，以其悠久的历史和深厚的文化底蕴，分别于 2009 年和 2014 年被列为晋中市重点文物保护单位、山西省历史文化名村和国家级文化古村落。

三、商贸文化

灵石置县之初，商业贸易普遍较差，据说当时只有沿官道的五大镇有零售商铺及货场，此外，虽也有走街串户的货郎商贩，但为数不多。至唐代，县域的商业贸易有了较大发展。据《灵石县志》记载，唐贞观年间，商贾云集各镇，经济繁荣一时。一方面是天时、地利、人和造就的历史必然，另一方面是因为当时几大镇地处交通枢纽，占有出行便利的优势。即南北有纵贯县境的韩信岭古道、雀鼠谷古道，以及城东与霍州、介休南北交界的丁里径古道；东西分别有途经静升与石膏山的灵沁古道和途经韩信岭、秦王岭的西山古道。可以说，这五条古道对当时灵石商贸经济的发展起到至关重要的作用。

宋代至元初，由于战火连连，时局不稳，县城和各大镇的商业经济时好时坏，发展较为缓慢。

元代中后期至明代，县域商贸经济开始向好的方面发展，这一时期商业活动最为活跃的首数冷泉镇。据当时统计，全县人口总共 3.3 万余人，冷泉镇就达 1 万余人，加之冷泉关地处交通要塞，常年过往的客商成群结队，络绎不绝，这为当地的商贸发展提供了优越条件。其次是静升、马和一带，当时不仅太平村（今马和村）设有"贩马集会"，一东一西的绵山云峰寺、介休兴地村的回銮寺和苏溪村的资寿寺，也相继设立了"庙会"。其中云峰寺和回銮寺均与静升土地相连。这些集会活动为推动河东地区的商贸经济发挥了积极作用。特别是明代中叶，随着晋商的崛起，静升沿河各村的人们由内到外经商成风，不少人或搭伙或投亲或独行，纷纷背井离乡到口外、京津及有生意的地方去闯荡，试图通过经商来发家。至明景泰年间，静升村便涌现出西王氏一家远近闻名的商贾大户。至天启年间，其商业规模已是"逐利湖海，据资万千"。

至清代，县域商贸经济的重点转入静升、马和一带，且境内的商家翘楚首推静升王家。该家族从十五世起，亦农亦商亦官，一路青云，终至构筑起康乾嘉的鼎盛。王家的各类商号、店铺遍布全国的大江南北，成为闻名遐迩的三晋望族。不仅带动了河东地区的商业经济，而且在很大程度上促进了县域商贸的发展。譬如夏门梁家、张家庄杨家、蒜峪陈家等一批商贾大户的相继出现，与当时称雄中原的静升王家不无关联。纵观这一时期，静升河东一带的商贸活动在全县首屈一指。除在外经商的大户不断涌现外，其静升村的五里长街、尹方村的三里街路、苏溪村（小天津）的 S 街、集广村的集贸市场、旌介村的店铺，以及马和村的骡马大会，发展势头十分喜人，形成灵石县当时最为繁华的贸易交流中心。

四、山川文化

从县域历史文化的意义上讲，灵石的山川河流、自然景观，也有着丰富的人文内涵。

城南的高壁岭，早在西汉初期就开通了官道，汉高祖十年（前197），刘邦北上征代返程至高壁岭，适逢吕雉差人送来韩信首级，随即将韩信首级葬于岭上，从此，高壁岭便有了"韩信岭"之名，后来在韩信墓前建有韩侯祠。据说该祠的院墙至"文化大革命"前夕尚在，祠内还居住着一位尼姑，法号不详。

还有城西南的秦王岭、城东南的石膏山及城东的三清寨、红崖峡谷等。其中秦王岭因隋末秦王李世民率部攻取霍邑于此山驻跸而得名。石膏山有与韩信岭古道连接的灵沁古道，汉文帝刘恒从代邸迎归长安即位时，曾经过石膏山东侧的一座山（属石膏山系），后来刘恒驾崩，此山取名孝文山；北魏孝文帝元宏从平城（今山西大同）迁都洛阳时，也曾经过孝文山，并在山上建有临时行宫；唐初，地方割据群雄之一的刘武周、宋太宗赵炅等都曾率部在石膏山扎过营垒，迄今存有多处遗迹。至明洪武年间，佛教传入石膏山，先后创建了白衣庵、天竺寺、铁佛寺、龙王祠等寺庙，据说明清两代山上寺庙内的香火十分旺盛。红崖峡谷为中生代时期所形成的山地，后经上亿年的水流溶蚀，形成现在典型的喀斯特地貌，其主峰牛角鞍海拔 2566.6 米，为太岳山群峰之最，更有亚高山草甸、原始次森林带及飞瀑群等奇观，千百年来吸引了无以计数的文人墨客，被誉为"世外桃源"。三清寨是城东千里径南北古道的必经之地，山上万木叠翠，怪石嶙峋，风景秀丽，传说宋太祖赵匡胤曾于此遭遇劫匪得到天神相救，事后为谢天恩许愿要在山上建造一座三清观，但因边境战事连连，迟迟未能了此心愿，驾薨后，辗转至宋真宗接位，方在山上建成了三清观。至清顺治元年（1644），绵山抱佛寺反清的侯和尚被清军击败后退至三清观，随后，据观为寨，并将此山取名三清寨。三清观的遗迹至今犹存。

此外，还有灵石的古八景：翠峰耸秀、汾水鸣湍、冷泉烟雨、霍山雪霁、两渡秋晴、夏门春晓、苏溪夜月、介庙松涛。这些自然景观，不仅客观地展示了灵石山川的壮美，而且吸引了无数文人雅士驻足品赏，并留下许多脍炙人口的诗篇。

　　除上所述，从灵石现存的名胜古迹来看，尤其是西部山区，还有诸多的历史文化内涵。如遗址文化、牌坊文化、建筑文化、民俗文化，等等，这里就不一一赘述了。

历史记忆

灵石老城

灵石老城位于太行山与吕梁山的汾河峡谷间，即山西省晋中盆地与晋南盆地交界处。据明万历二十九年版《灵石县志》记载："隋开皇十年（590），文帝驾幸太原，傍汾河开道，获一石，有文曰：'大道永吉'，因以为瑞，遂于其地建设县治，割介休西南地益之，仍属汾州。"从此，便以石命名有了"灵石县"。

传说灵石置县之初，附近的汾河两岸十分荒凉冷清，只有小水镇（今水头）一个有人烟的地方，且镇子不大，前后一条街，街面上除为数不多的住户外，主要开设有商铺、车马店和商旅留宿的客栈。周围四面环山，紧临两河（汾河、静升河）与南北秦晋古道（韩信岭古道）及东去的灵沁古道。最初的县衙就设立在小水镇内。因此，当地有"先有小水镇，后有灵石城"之说。

灵石县城初创于隋唐，其城池规模不大，造型酷似一只船，即船头朝北船尾朝南。有民谣曰："小小灵石一只船，船头朝北尾朝南，年年洪水不进城，只因船儿拴在石头（即'灵石'）上。"传说最早的城墙是夯土而筑，至宋金时期，由于战火不断，城池被一路南侵的

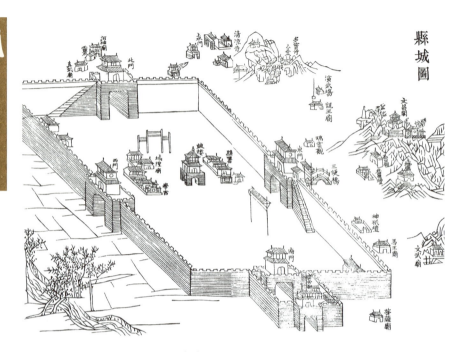

清嘉庆二十二年版《灵石县志》灵石老城简图

金兵破毁，致城墙大批倒塌，城内房屋被烧，居民逃遁，惨不忍睹。元朝建立之后，战乱平息，百姓安定，于至正二十四年（1364），县城得以加固恢复。据明万历二十九年版《灵石县志》记载："因旧城筑高二丈，厚八尺。"其县城范围：南至南门洞，北至三乐巷，东至东枣园以西，西至西枣园以东。

至明洪武十一年（1378），县城进行了重修。至正统年间（1436—1449），随着城内人口的增多，县城向北扩建了300余步（古时一步等于5尺，约1.5米），并将原城外的东、西枣园纳入城内。至正德六年（1511），山西境内风暴再起，北方鞑靼、瓦剌等部由北而南，烧杀抢掠，肆无忌惮，一路侵袭，县城被破，损失惨重。事后，城墙加高加厚各四分之一，并在南北城门上增建了城门楼及四隅角楼。传说此次加固城墙内外全部用青砖罩面，结束了土围城墙的历史。

之后，县城又遭受过三次自然灾害。即正德十五年（1520），山洪暴发，东城墙圮；嘉靖二十三年（1544）汾河水涨，倒灌进城，致西南城垣俱倾于水；嘉靖三十四年（1555）发生强烈地震，城内房屋塌毁不计其数，但因国力衰微，官府只做了简单的修补。直至隆庆三年（1569），新到任的县令申嘉言方才顺应民意进行了加固整饬，即将南门较低处空出七尺帮筑里墙，形成内外两道城垣，且上砌砖堞，内筑女墙，并修缮了南北门楼。至万历元年（1573），继任县令曹乾修筑并开启东、西城门，还为四座城门分别题写了门匾。即北为"承恩"、南为"正明"、东为"闻弦"、西为"乐泮"。

据有关史料显示，明清时期，老城主要有东、西、南、北、中五大建筑，即东为东街创建于明洪武十一年（1378）的县衙署；西为西街创建于元大德十一年（1307）的文庙（又称学宫）；南为南街创建于清咸丰三年（1853）的竹林书院；北为北门外150米处创建于清代的吕祖庙；中为十字街重修于清乾隆年间的鼓楼。

在老城东、西、南、北四大街内，建有十条巷子。东西街有友助巷、东太平巷、西太平巷、三乐巷、察院巷；南北街有兴仁巷、仁里巷、尚和巷、六行巷、学宫巷。此外，各条街内巷内还有若干小巷，如北街的牌楼巷、南街的石门巷、西枣园的王家巷等。

据考，至民国末年，老城的基本风貌尚在。中华人民共和国成立以后，城内的建筑除一部分改建外，多数民房由于年久失修逐渐成为危房，加之城内人口急剧增加，各项基础设施功能退化，远远不能适应居民的生活需求。为此，灵石县人民政府于20世纪末至21世纪初，将老城内的建筑全部拆除后，按照新的规划，改造为现在的天石新城。

灵石县衙署

灵石县衙署（即县衙），隋朝置县时设于小水镇内，传说后来县城初创后，迁至城内北街新署衙内，但邑志没有任何记录，历代修建亦无从考证。

至明洪武十一年（1378），灵石县衙署由县令张先重创于闻弦门（即东门）内街北。正德六年（1511），因流寇破城，衙署毁于大火。事后，时任县令孙璲及县臣石宗玺予以复建。至嘉靖年间，董大经、申嘉言两任县令相继有过修葺。至万历三年（1575），新任县令白夏对衙内所有堂舍进行了翻新整饬。至万历二十九年（1601），县令路一麟再次整修并扩建。

入清以后，天下较为太平，县衙署又屡有补葺，基本保留了明代原有的风貌。至民国及中华人民共和国成立以后，衙内建筑多处被拆或改建。终至20世纪90年代末，随着县城的改造而全部被拆除，留给人们的只是一些残缺不全的记忆。

据明万历二十九年版《灵石县志》记载及清嘉庆二十二年版《灵石县志》图考，县衙署明清时期的建制，坐北朝南，为多进式院落布局。

建筑顺序依次为照壁、大门、仪门、戒石亭、亲民堂（大堂）、退思堂（二堂）、后堂。大门两侧立有一对高大的石狮。进入大门，对面为仪门，仪门左右设有角门，东西为衙役当值的房舍。穿过仪门，有一条两米多宽的甬道，直通戒石亭，亭中立有一块1米多高的石刻，正书"戒石"二字，背面刻有"尔俸尔禄，民脂民膏，下民易虐，上天难欺"16个字。戒石亭后为亲民堂，是县衙升堂断案的地方。其左为武库，题曰："蓄威"（后改为兵房）；右为银库，题曰："藏富"。两厢房舍，东为卤簿厅，即仪仗人员的处所；西为幕厅，即知县的智囊幕友（俗称师爷）处所。转过亲民堂进入二院，其正面为退思堂，右侧为抄案房，即文案人员办案之所。从二院北面穿过一个狭道小门进入后堂，是县令家眷居住的地方，里面较为宽敞，建有前后堂舍及花厅、厨房等，十分隐秘，平素闲杂人员一概不可以随便进入。

此外，在县衙西南角设有临时看守所；东面建有土地祠、关帝庙、

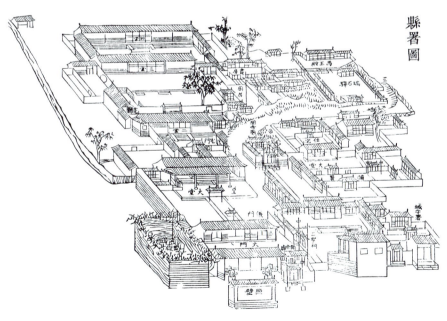

清嘉庆二十二年版《灵石县志》县署图

寅宾馆、寻乐园等，其中寻乐园中辟有看云亭、仰止堂、餐霞轩、桃李精舍、县丞宅居等。至清代，随着办事机构的增多，县衙东面多有扩建，其中占地面积较大的有捕署、守城署及马号。另外，还增建了一座三圣祠。从整体建筑功能看，可谓山野小城集公务、起居、娱乐等为一体的县衙官署，是老城明清时期的主要建筑之一。

灵石文庙

  灵石文庙位于灵石原老城西街，创建于元大德十一年（1307）。明嘉靖三十八年（1559）重修，万历二年（1574）再次重修。至清代多有修缮。民国至中华人民共和国成立以后，庙内建筑逐渐被拆毁或改建，唯大成殿保存至 20 世纪 90 年代。该殿宇坐落在约 1 米高的平台之上，长 13.22 米，宽 12.58 米，高 12.5 米，占地面积 170 平方米。其建筑巍峨，梁柱粗大，结构奇特，飞檐斗拱，顶部三色琉璃瓦相间，气势十分雄伟壮观，后于灵石一中改建时拆除。

  据明万历二十九年版《灵石县志》记载及清嘉庆二十二年版《灵石县志》学宫图考，该庙坐北朝南，主体建筑为多进式院落布局。中轴线上依次建有影壁、棂星门、泮池、泮水桥（俗称状元桥）、戟门（又名大成门）、大成殿、明伦堂、尊经阁。棂星门两侧建有钟、鼓二亭，其外围东西建有"德配天地"与"道贯古今"牌坊。前院正中为戟门，面阔三间，左侧为名宦祠、敬止亭，面阔各三间；右侧为乡贤祠、更衣亭，面阔亦各为三间；院中心为泮池，泮池上有泮水桥；东西两厢为廊庑。二院平台之上为大成殿，与戟门遥相呼应，为该庙的主殿，其面阔三间，殿内曾供有孔子塑像，殿前为月台；左右分别为司库与司厨，面阔各三间，设角门各一；东西两厢为廊庑，面阔各为九间。三院正中为明伦堂，面阔五间；堂前东西各有一斋，面阔均为三间，设角门各一，且门东有学书房二间，西门有斗房二间；另在堂东还建有崇圣殿，面阔三间，为独立小院，院门设在南向；西侧建有教谕住宅。后院较为宽敞，平台中央，坐落着尊经阁小院，院内方台之上为二层构造的尊经阁，两厢为廊庑，院门设在西南角。平台西北角建有敬一亭，亭中立有明御碑二通，旁列"四勿"（非礼勿视、非礼勿听、非礼勿言、非礼勿动）箴言石刻。

此外，在紧临该庙的西侧建有忠义祠，西北角建有训导住宅，东南角建有魁星楼，学宫门设在东向。灵石文庙是一座功能较为齐全且颇具规模的县城文庙，亦为明清时期老城的主要建筑之一。

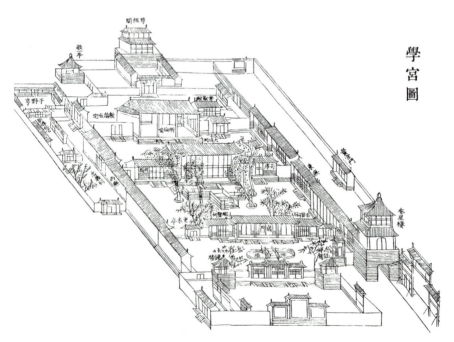

清嘉庆二十二年版《灵石县志》学宫图

灵石城隍庙①

　　灵石城隍庙位于灵石原老城西街文庙以北，创建于明代。据民国23年版《灵石县志》记载，清康熙六十年（1721）河涨倾圮，雍正五年（1727）重建，乾隆五十三年（1788）、嘉庆十八年（1813）补修。至民国年间多有拆毁。中华人民共和国成立以后，仅存后殿及戏台，可惜至20世纪六七十年代先后被拆除。1992年版《灵石县志》载有后殿拆除前丈量的数据：殿长11.3米，宽9米，高12米。

　　据当地几位老人回忆，该庙的原始建制坐北朝南，主体建筑分前后两院。前院平台之上为城隍大殿，面阔三间，单檐悬山顶，六檩前出廊式构架，内供城隍老爷塑像；平台之下的左右两侧设有耳门，通往后院；东西两厢建有配殿，面阔各为三间，东殿内供财神，西殿内供土地神；南为戏台，面阔三间，进深四椽，五檩无廊式构架，戏台下面为连体大门，左右两侧建有钟、鼓二楼，楼下皆设有砖碹拱形小门。

19

历史记忆

---

①灵石城隍庙的建筑格局及其内涵，由于留存文字极少，且毁坏年代较久，本文所记录的内容主要来源于几位当地老者的讲述，可能存在某些出入，尚有待进一步考证。

灵石城隍庙

从前院进入后院，正中为后殿，又称城隍后室，面阔三间，单檐悬山顶，六檩前出廊式构架，殿前立有四根八角形石柱，双层鼻斗拱，殿门两侧墙壁上各嵌有石碣一方，内供塑像不详；东西两厢建有配殿，面阔各为三间，东殿内供灶君神，西殿内供六曹府诸神。

据有关资料显示，明清时期，庙内隔三岔五就有戏班唱戏，为当时城内居民主要的娱乐场所之一。

老城竹林书院

竹林书院位于灵石原老城南街察院巷。据光绪抄本《灵石县志》记载："竹林书院，在城内察院巷，咸丰二年（1852）梁武氏遵其夫梁塸遗言建。"至咸丰三年（1853）建成。光绪三年（1877），知县梁鼎昌筹银千两资助书院。光绪二十二年（1896），邑绅赵子瑗发起募捐，集银4000两聘请汾阳名师为书院主讲。光绪二十九年（1903），清政府废除科举改办为新学。光绪三十三年（1907），竹林书院定名为"灵石县高等小学堂"。进入民国，改称为"灵石县第一高等小学校"。中华人民共和国成立后，更名为"灵石县第一小学"。20世纪90年代末至21世纪初，老城改造时拆除，后于原址建成现在的灵石县第二中学。

据考，竹林书院的原始建制，坐北朝南，为三进式院落布局。进入校门，前院东西两侧建有瓦房（即耳房），正中为过厅，面阔三间，左右房屋，为先生（教师）的办公处所。从过厅进入二院，院子较深，正中与东西两厢均为学子上课的教室。后院为厨房与库房，从二院教室左右夹道可以进入。此外，在后院的北侧，辟有一个较为宽敞的操场，

竹林书院

历史记忆

四周植有树木和花卉，西侧建有不大的一座小院，院内院外绿树成荫，掩映着一座小楼，格外幽静，是校董和督学办公的地方。整个书院环境优美，典雅别致，为老城内的主要建筑之一。

据有关史料显示，清时竹林书院桃李芬芳，县内生员大都出自该书院。民国以后，随着学校名称和办学方式的改变，成为灵石县第一座新型学校，而且名师云集，学风蔚然，人才济济。又据《灵石教育志》载，1912 年至 1937 年，该校共招收 76 个班 421 人，有 21 个班 350 人毕业。中华人民共和国成立后，该校成为县城的重点小学之一，为我国各大中院校输送了一批又一批的优秀人才。

老城鼓楼

老城鼓楼位于灵石原老城十字街交叉口，始建年代不详。据清嘉庆二十二年版《灵石县志》记载，该鼓楼重修于乾隆年间，高 20 余米。是老城早期唯一的一座标志性建筑。

据考，该鼓楼为三层构制，底层为四面畅通的砖碹门洞，地面由青石铺墁。二层为梁架结构，四周围有砖砌护栏，阁楼四柱支撑，面阔、进深均一间，四面设有门窗，门额皆悬有木匾。即：东为"神花催放"（当时城东有灵石古八景之一的"介庙神花"）、西为"觉世流音"（即城西有文殊原村，传说文殊菩萨曾于此坐化）、南为"声飘霍岳"（城南有太岳支脉的巍巍霍山）、北为"响振冷泉"（城北有遐迩闻名的冷泉古隘）。据民国 23 年版《灵石县志》载，此四帧木匾为虞州一位名叫景芝荣的 7 岁神童路经灵石时所书。阁内有通往三层的木制阶梯，外设单坡插廊，东西廊下分别挂有钟、鼓。三层与二层结构近似，围栏为木制花格，小巧玲珑；额悬一块黑底金字的大匾，上书"礼让之邦"，据说为民国年间一位离任县令所赠。顶部为四角重檐攒尖形制，筒瓦覆盖，飞檐四挑，且檐角挂有风铃。整体造型高大精致，气势恢宏，远远望去，甚为壮观。

据载，该鼓楼于清嘉庆、道光、咸丰年间均有修葺。至民国末年，由于年久失修，多处损毁，满目疮痍。后于 20 世纪 50 年代末拆除。

25

历史记忆

20 世纪 50 年代拍摄的老城鼓楼

灵石吕祖庙

　　灵石吕祖庙位于灵石原老城北门外约 150 米处，始建年代不详。对此，当地自古有"先有灵石亭，后有吕祖庙"之说。

　　据有关史料显示，明末清初，这里仅有规模不大的一座简易瓦廊亭子，亭内立着"灵石"（又名瑞石，即隋开皇十年文帝北巡太原傍河开道所获，并因之于汾河峡谷间置县，取名"灵石县"），石前有香案，供人们叩拜。至清乾隆五十四年（1789），有一位从南方来的虞县令，对"灵石"情有独钟，于是将瓦廊亭子改建为一座廊庑，并立有石碑一通。至民国年间，一位名叫李凯朋的县长到任后，又将原来的廊庑拆掉，重新建起一座高大精致的木结构廊亭。其斗拱飞檐，画栋雕梁，正檐下悬着书有"灵石"二字的一块木匾，黑底金字，刚劲有力，据说为当时省内的一位书法名家所书。廊亭之下，正中为"灵石"，四面筑有鹅卵石甬道，正面设香炉一尊。整个建筑看上去庄重典雅，十分气派。

　　至于吕祖庙，现存的文字记载极少。据原老城内的几位老者讲，吕祖庙始称吕祖祠，建在"灵石亭"西侧，坐西朝东，最初为一座独

吕祖庙石桥

立的殿宇，坐于一个不足 1 米高的长方形平台之上，面阔三间，内供道家八仙之一的吕祖爷（即吕洞宾）。其南侧有约建于清代早期的河神庙，该庙坐南朝北，为二层构制，底层为长约 20 米深的瓮门，二层为砖木结构阁楼，殿阔三间，内供河神；北侧有约建于清代中后期的佛庙。该庙坐北朝南，与河神庙遥相呼应，亦为二层构制，底层为礼佛堂，上层为三大士殿，分别供佛祖和菩萨[①]；东面是立于廊庑内的"灵石"。四者原本互不相干，各自为政，但后来有热心公益的邑绅倡议并慷慨出资，将其组建为一座集道教与佛教于一体的综合庙宇，统称为吕祖庙。

不过，关于吕祖庙的组建年代与格局说法有二：一说吕祖祠是于清代落成不久，与河神庙、佛庙合三为一的，当时并没有把"灵石"组合进去，而是在灵石与吕祖祠中间筑有一道约 1 米高的通透花栏墙，彼此看似为一体，实则互不相通，平日人们进出吕祖庙都走南面河神庙下的瓮门。一说吕祖庙是民国年间组建而成的，其布局就是中华人民共和国成立前及 20 世纪 50 年代初人们看到的样子。即：西面的吕祖祠为正殿；南面的河神庙与北面的佛庙为偏殿；东面与主殿对应的"灵石亭"（民国年间所建）被改建为深约 6 米，宽约 3 米的门庭，

---

①本文关于吕祖庙的庙貌格局，是根据当地几位老者的回忆而记录的，由于说法有同有异，可能存在出入，还有待进一步探讨。

历史记忆

灵石吕祖庙

并在其左右增建有瓦房各三间，为庙内道士与僧人的起居用房。此外，在院内还建有一座玲珑别致的小石桥，桥下是一个不足 1 米深的水池，池内植有莲花。此桥的设置，不知有无别的含义，但为院内增色不少。至于两种说法究竟哪一种确切，尚有待进一步探讨。

据说清代至民国年间，每逢初一和十五，城里的不少善男信女都会前来或拜吕祖爷、或拜菩萨，抑或拜河神及"灵石"，庙内人来人往，熙熙攘攘，香火十分旺盛。

中华人民共和国成立以后，吕祖庙的殿宇和房屋被当时的城关卫生院占用，并留用了庙内通医术的郭先生与释先生二位僧人。20 世纪70 年代，随着西面真武庙内城关第二小学的扩建，吕祖庙被拆除，仅剩"灵石"及其所在的门庭。之后，"灵石"的外部环境虽有过几次大的变更，但其始终矗立于原位，至 21 世纪初，县人民政府根据周围新的环境布局，为其重新建造了一座颇为精致的仿古亭。

灵石文昌阁

灵石文昌阁位于城南（即原老城东门外）的翠峰山之巅，东眺巍巍绵山，西望群山峻岭，北与清凉山对峙，南与韩信岭遥相呼应，脚下滔滔汾水，宛如一条银色的飘带，绕县城由北向南而去。登临其上，可一览县城景况。可惜该阁已不复存在。

据明万历二十九年版《灵石县志》记载及清嘉庆二十二年版《灵石县志》图考，该阁始建于明万历年间，为三层构制。底层为四面敞开的石砌拱形门洞，南设阶梯，可登上二层。二层外围呈正方形，筑有石刻栏板，可四面环行，中央为二层和三层八角形楼阁。其整体状貌与气势，明万历二十九年版《灵石县志·新建文昌阁记》曰："四门洞启，八窗玲珑，栋宇如鸟革之峻起，檐阿拟翚飞之轩翔。盘桓四顾，其壁立万仞而岿然丁风尘之上者，恍高贤之峻绝；一望无际而莹彻于清虚之表者，宛达人之空洞；金碧辉煌而灿烂于人之心目者，蔼文章之富美。"据说阁内曾供奉着文昌帝君和一位仙童的塑像。

此外，在文昌阁的旁边，有一个小院，院内植有两株不知名的高大树木，并建有廊亭，内设石桌石凳，为登阁者歇脚之处。

灵石文昌阁

文昌阁高大挺拔，气势巍峨，直插云天，为峰峦独秀的翠峰山锦上添花而更加引人瞩目，明时被列为灵石县古八景之一："翠峰拥秀"，后于清代改为"翠峰耸秀"。不幸的是，至民国末年，残暴的侵华日军不仅把山上的林木伐尽，还将文昌阁焚毁，致翠峰山一度沦为荒山秃岭。好在20世纪90年代末，灵石县人民政府在翠峰山建造山顶公园时，又恢复了昔日漫山林木郁郁葱葱的景象，还在山巅文昌阁旧址上，建起一座巍峨壮观的仿古集贤阁，远远望去，大有当年"翠峰耸秀"的况味而为人称道。

历史记忆

灵石清凉寺①

　　灵石清凉寺，又名圣寿寺，位于灵石原老城东北的清凉山半山腰间，始建年代不详。该寺是为道家八仙之一的张果老而建造的。据清嘉庆二十二年版《灵石县志》记载："张果老……尝乘白驴往来汾浍间，或叩之，则曰觅天尽头，憩清凉山。居久之遂坐化，山人葬之如蝉蜕然，因立祠祀之。"

　　据当地的几位年长者回忆，清凉寺的原始建制坐北朝南，依山势而建造，随地形而布局。最高处为正殿三间，内供张果老塑像；殿外有 2 米多宽的一个平台，三面围有不足 1 米高的砖砌花栏护墙，南设通往院子的二十余级石台阶。左右两侧的山坡间分别建有配殿，面阔各三间，均与正殿的落差较大。东殿内供观音菩萨，西殿传说内供普香高僧修道成佛后的真身塑像（普香高僧，据说俗姓贺，本邑人）。两殿东西对望，但不十分对称，殿外皆筑有平台和通往院子的石台阶。院子在三座殿宇的脚下，占地面积 200 平方米左右，东西两侧建有单

①本文关于清凉寺的建筑规制，是根据本县几位老者的口述而记录的，因说法不一，可能与原寺院的建筑布局存在出入，还有待进一步考证。

灵石清凉寺

坡顶瓦房，面阔各三间，为寺内道士和僧人们生活起居的用房，院中一东一西分布着两座小碑亭，南面为院子的边缘，筑有一道木构长廊，东西尽头各立石碑一通，中央留有出口。山门（即寺门）设在院子下面的三组七级（共二十一级）石台阶之下，为随墙门，硬山顶，门额嵌有砖刻"清凉寺"三字；两侧建有钟、鼓二亭。整个寺宇因地制宜，错落有致。尤其是院内一组又一组层层向上的石台阶，更为这方清净之地平添了不少神秘的色彩。据说明清时期，每年农历的三月三，寺内都要组织一次佛法会，届时附近的佛门僧人都会云集于此。另外，还有一年一度的重阳节，城周围的善男信女都会不约而同地到寺内焚香拜佛。

此外，在山门外不远处的羊肠小径旁边，有一潭口面不大的山泉水，四季涌溢，清澈见底，俗称"清凉神泉"。传说喝此水可以祛病消灾，逢凶化吉。因此，每当人们上清凉寺叩拜或游玩时，都要痛饮几口清凉神泉，以企消灾祛病，大吉大利。

据有关资料显示，该寺在清代以前多有修缮，且寺内香火一直都很旺盛。至民国前期，寺内建筑依然保存较为完好。可惜至民国后期，被侵华日军彻底损毁，现遗迹全无。

冷 泉 宫

冷泉宫位于灵石城北冷泉关内，始建于汉代，是专为帝王临时出行修建的行宫。

据载，汉高祖七年（前200），战国赵王的后裔赵利，凭借先王的一班旧部私自称王，并勾结匈奴与汉室为敌。汉高祖刘邦为逐一铲除周围的敌对势力，彰显大汉王朝之威仪，遂下旨在冷泉关等多地建造行宫。至汉高祖十年（前197），冷泉宫建成，且规模宏大，富丽堂皇。至魏晋南北朝时期，由于战火四起，连年不断，宫内建筑多有损毁。直至北齐天统元年，即北周保定五年（565），北齐后主高纬继位后方得以重修。进入唐代，随着国力的日渐增强，冷泉宫作为南北要塞的行宫，倍受朝廷关注，遂由当地官府调集能工巧匠进行了精心的整饬和装修，突显出盛唐雄浑壮丽的建筑风格。可惜至宋靖康元年，即金天会四年（1126），被金宗翰军放火烧毁。

据有关资料记载，汉高祖十年（前197），高祖刘邦率部北征陈豨的往返途中，均在冷泉宫驻跸；齐永明十一年，即北魏太和十七年（493），魏孝文帝拓跋宏从平城（今大同）迁都洛阳途经冷泉关时驻跸在冷泉宫；隋开皇十年（590），文帝杨坚北巡太原途中驻跸冷泉宫；唐开元十一年（723），玄宗李隆基率张说、宋璟、张九龄等众臣北巡太原途中亦驻跸冷泉宫；宋开宝二年（969），太祖赵匡胤率部围攻太原时，因军中瘟疫蔓延，撤退途中就驻跸在冷泉宫。

如今冷泉宫虽已不复存在，但宋以前历代帝王过往此地的传闻轶事，以及冷泉宫曾经拥有的辉煌壮丽，依然是当地人茶余饭后津津乐道的谈资。

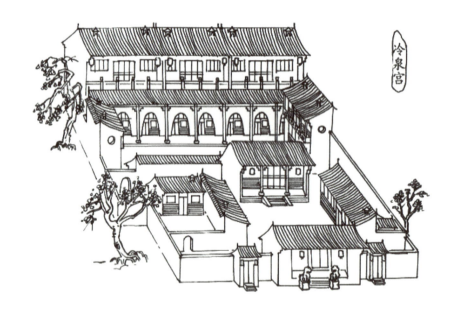

冷泉宫复原图

冷泉关城

　　冷泉关城位于灵石城北的冷泉关（俗称雀鼠谷北口），始建年代不详，据说该关城是在冷泉镇原有规模的基础上扩建而成的。至蒙古成吉思汗八年（1213），析置小灵石县，且县治功能俱全。至至元二年（1265），因不满千之州县而并省户入介休，时达52年。此间，关内居民日渐增多，终至元末，"关内盈盈居民千家，富商巨贾数不胜数"。至明洪武九年（1376），冷泉关复归灵石县，设冷泉里，为当时灵石县的五大镇之一。值得一提的是，其关城的规模与建制，胜于当时的灵石县城。

　　据有关资料记载，冷泉关城坐北朝南，东至谷口，西至汾河畔，北至桑平峪大涧口，南至崔家沟以北，南北长3000余米，东西宽1000余米。城内建筑除人大小小的民居院落外，主要建有街道商铺、官方衙署（即冷泉宫、巡检署、察院、公馆、千总司、驿站、社仓）、鼓楼牌坊、寺庙宗祠等。其四周城墙为夯土而筑，顶部青砖海墁，建有垛口；城门南北各一，外筑瓮城；城门为砖碹门洞，门额嵌有"冷泉关"石匾。此外，东西城墙上各建有四个亭台。远近望去，甚是壮观。

历史记忆

冷泉关城复原图

　　至明代中后期，由于国力衰微，屡有外患来袭。对此，朝廷一方面采取对外主和的办法来维持现状，另一方面则举全力加强主要关隘的防御功能。从有关史书可知，此间各地为之输入的财力，胜于以往任何时候，称得上加固关隘的最盛时期。就冷泉关而言，除内外城墙几经加固外，于嘉靖四年（1525），在南北城门上各筑起门楼一座。至嘉靖三十二年（1553），又创建了关城小南门楼。可谓城门一关，固若金汤，无懈可击。但不幸的是，至隆庆元年（1567），原本以为牢不可破的关城，竟未能抵挡住蒙古俺答的入侵，不仅城破失守，而且多数建筑被烧毁，致冷泉关一度"城垣楼雉，日就倾败"。直至万历四十五年（1617）初，方才重新整饬，并增建"官舍六角楼二，壁垒陴堞"。

　　进入清代以后，国内较为太平，关城的修筑不但越来越少，甚至在康熙年间还有不少建筑物被拆毁。随之，其军事功能也日益瓦解。至清末民初，关城的职能全部被废，仅成为查巡过往行人的一道路卡。至民国 23 年（1934），随着驿站的裁撤而划归两渡镇管辖。其关城也因年久失修而破败不堪，加之后来日军入侵，整个关城被炮火摧毁沦为一片废墟，终至消失在历史的尘埃里。

灵石口巡检司衙

灵石口巡检司衙位于灵石城北的冷泉关内，始建于明洪武八年（1375），成化十六年（1480）裁革，弘治十二年（1499）复建，清顺治十六年（1659）又裁革，迁往本邑仁义镇。

所谓巡检司衙，为明清时期具有军事武装性质且由属地管理的武装力量，或曰灵石县的军事机构，主要负责关隘盘查过往行人、缉捕盗贼和捉拿犯人等治安事宜。

灵石口巡检司衙坐北朝南，建筑规整，布局严谨，中轴线上由南至北依次建有照壁、大门、二门、巡检大堂、巡检住宅。照壁两侧设有耳门，由耳门进去为大门。大门为三间两厦，中间为门，两厦为守门弓兵（即弓箭兵）当值处所。二门一般不开，有案时才启用，平时皆从左右耳门出入；院内正北为巡检大堂，面阔三间，前后开门，可入得后院，为巡检审理问案之公堂；其前后院东侧均建有厢房，为办差之所。最后为自成一体的巡检住宅，院内正北为面阔五间的房屋，东西建有廊房，南面由一道大门与巡检大堂相隔而公私分明。此外，主体建筑东侧建有土地祠，西侧建有书院。

历史记忆

　　纵观该司衙，设计精良，结构严谨，布局合理，功能齐全，为当时冷泉关津极具特色的一组建筑群。据说在附近还建有一座临时看守囚犯的牢房，但无记载。至于巡检司移往仁义镇后，该司衙挪作何用又毁于何时？尚未找到确切的史料。

巡检署圖

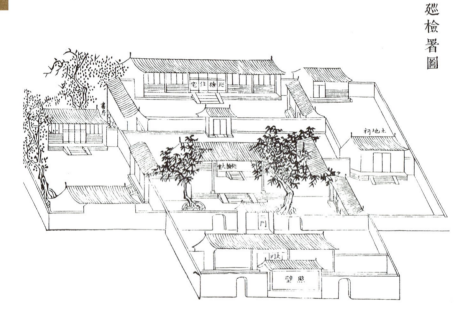

灵石口巡检司衙复原图

冷泉大云寺

　　大云寺，又名冷泉寺，俗称南寺庙，位于灵石城北冷泉关的冷泉寨下，是早年在当地影响较大的一座寺院，可惜没有保存下来。

　　据史料记载，大云寺始建于唐武后载初元年，即武周天授元年（690）。该寺的创建，藏有原委。有史书曰，武则天自做了皇太后之后，一心想当皇帝，但苦于没有一个正当的理由，遂在精心策划后，与洛阳白马寺的僧人合谋，在《大云经》里补写了一句"弥勒下生女作王，威伏天下"。之后，武便利用这句经语大做文章，开始推行"易世革命"，言其为弥勒佛降生，本应做大唐之主。遂不顾众臣反对，于永昌元年（689）十一月改元载初，行周正，以十一月为正月。载初元年（690）九月，改元天授，即皇帝位，定国号为大周。此间，两京及多地州县为取悦武皇，纷纷在属地建造大云寺。冷泉大云寺便是这一时期的产物。

　　至唐神龙元年（705）二月，唐中宗李显恢复唐国号后，首先诏令取缔各地的大云寺。其时冷泉大云寺之所以能够幸免，是因为将寺名改为冷泉寺而避过了风头。元大德七年（1303）寺院毁于特大地震。后于元末明初重修。清康熙末年，寺庙两次遭山洪袭击，大面积损毁。乾隆十一年（1746）再次重修。现遗迹尚存。

　　据考，大云寺的原始建制，坐西北朝东南，其建筑为三进式院落布局，中轴线上依次建有山门、天王殿、大雄宝殿、禅堂院。山门高大庄严，面阔三间，建有前后檐廊，门前左右塑有两尊魁梧彪悍的哼

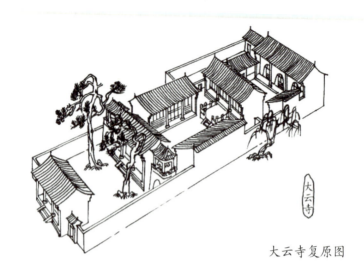

大云寺复原图

哈二将，威严四射，栩栩如生。

寺内的殿宇集中分布在前院和二院。前院为天王殿，殿内正中为弥勒佛像，据说此佛像为男首女身，象征武则天为弥勒佛转世。其身后有一尊身穿盔甲、手执金刚杵的韦驮塑像，为贴身护卫。两侧相对而塑有掌护东、南、西、北四个方位的四尊天王塑像，它们个个身躯魁梧，威风凛凛。天王殿左右建有钟、鼓二楼，楼下各设有砖碹门洞，可通往二院。二院的正中为大雄宝殿，与天王殿遥相呼应，为全寺的主殿。其殿阔三间，内供释迦牟尼三身塑像（即报身、法身、应身）；其东西山墙上，有明末清初思想家、文学家、书法家傅山先生于清康熙二十一年（1682）游览寺院时所绘制的山水壁画。殿外设有月台，东西两厢分别配有三大士殿和伽蓝殿，殿阔均为三间。主殿东侧设有小门，可进入三院。三院为禅堂院，正面为三孔砖碹窑洞，外加檐廊，两厢分别为厨房和库房，是寺内僧人起居与用功修行之地。此外，在寺院的西北角还建有圣果亭。据说唐宋元明清历代，寺内香火十分旺盛，特别是元明清时期，每年的农历三月十七日还设有大型庙会。

然而，至民国年间，偌大一座寺院，因年久失修殿宇相继塌毁。更为不幸的是，20世纪80年代初，本已残缺不全的建筑物，又遭到人为焚毁。现仅存正殿塌毁的一截山墙和禅堂院破损的三孔窑洞及明嘉靖十六年（1537）所立的《圣果亭石偈》。2011年被灵石县人民政府列为不可移动文物。

历史遗存

三湾口遗址

　　三湾口，又名灵石口，位于灵石城西南 10 千米处的夏门镇夏门村周边。这里是当年大禹治水的地方，但千百年来，在当地有关三湾口的具体地理位置说法不一。一说在夏门村以南 108 国道连接三双公路的段纯河口，因为此处的地名就叫做三湾口；一说是汾河北来环绕夏门村自然形成的三道湾。如果根据地形和现存的史料记载分析，后者显然更为可信。

　　相传在很久以前，晋阳盆地北至忻州以南的舟山，南至今灵石的夏门村，是一片浩瀚的汪洋大湖，每遇天涝和狂风暴雨，湖水四溢，泛滥成灾，致沿湖中下游的田园村庄和人畜常年在水患的威胁下度日。时至五帝后期，约公元前 4000—前 3000 年，部落首领尧派身边的鲧带人到大湖卜游（即今灵石一带）治水。但因鲧误判水情用了堵截的办法导致治理失败。后来尧又派鲧的儿子大禹率大军治理，意在代其父赎罪。然大禹领命后，沿湖察看过水情，很快明白了父亲治理失败的原因，遂采取开山放水的办法，经过十三年的连续奋战，使水患得以彻底治理。从此便有了"打开三湾口（灵石口），空出晋阳湖"的

49

佳话流传至今。

　　至于大禹在三湾口治水的真实性，《灵石县志》有记载曰："（大禹）来到大湖（晋阳湖）南端即灵石县城西南 20 里处，发现三湾口北，横挡着一道岩石壁，三面是山，形似'凹'字，正好堵住漫漫湖水南下。"看过这般情形，聪明的大禹胸有成竹，于是便率领治水大军，书写出开山凿壁、放水疏导，救黎民百姓于危难的一段辉煌历史。

　　又据《史记·夏本纪》等典籍可知，大禹在三湾口治水时，其大军曾驻扎于今灵石西南的王禹和坛镇一带。其王禹村是大禹观察地形和水情的地方，坛镇是大禹为祭祀天地、镇妖降魔所建的天坛和地坛，即前坛村为天坛，后坛村为地坛。后来王禹和坛镇（分前坛和后坛）的村名都是为了纪念大禹治水而命名的。

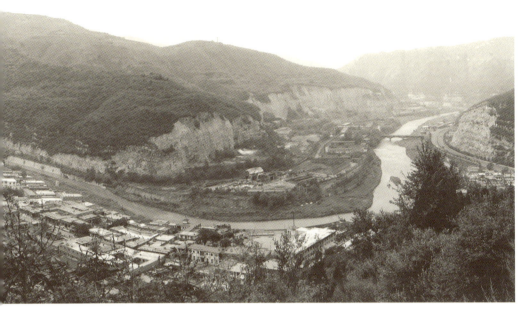

三湾口遗址

　　此外，关于"灵石口"一说，早年间的史料记载均为"三湾口"，后来有了灵石县，因三湾口在其境内，故而人们便渐渐地称为"灵石口"了。

旌介遗址

旌介遗址位于灵石县静升镇旌介村东北方向的一块高地。地理坐标北纬36°54′，东经111°55′，海拔999米。东为太岳山脉，西为吕梁山脉，南接临汾盆地，北通太原盆地，是太原通往晋南的咽喉要地。遗址以东1000米处为大运高速公路，遗址以南2000米处为大运高速公路灵石出口。

遗址的整个地势西南低东北高，约在20万平方米的范围内存有大量古文化堆积。1976年11月，旌介村一位姓杨的农民在崖边修筑一孔土窑洞时，发现了一座古墓葬，出土殷商晚期的青铜器10余件，被视为20世纪70年代山西省远古文化的重要发现。1984年，山西省考古研究所和市、县文物部门在古墓葬附近进行勘察和钻探时，又发现了两座古墓葬，并于当年12月至1985年元月进行了考古发掘。下面是当时《灵石县旌介遗址发掘简报》公布的墓葬发掘现场的详细记录：

两座古墓葬都是长方形土穴土坑，长3.5米左右，宽2.2米上下，墓壁整齐光滑。一号墓：一椁三棺，棺顺次排列椁中。男墓主居中，

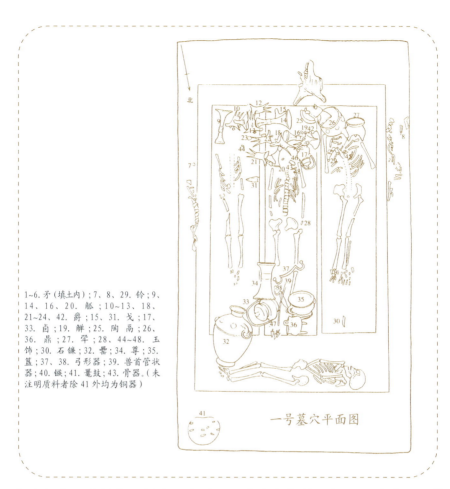

1~6. 矛（填土内）；7、8、29. 铃；9、14、16、20. 觚；10~13、18、21~24、42. 爵；15、31. 戈；17、33. 卣；19. 觯；25. 陶鬲；26、36. 鼎；27. 罕；28、44~48. 玉饰；30. 石镰；32. 罍；34. 尊；35. 簋；37、38. 弓形器；39. 兽首管状器；40. 镞；41. 鼍鼓；43. 骨器。（未注明质料者除 41 外均为铜器）

一号墓穴平面图

直肢仰身，两侧女性侧身面向男性。在北侧棺椁之间，一具殉人尸骨侧身面向主人。墓室填土有狗各一，脖颈伸长，系以铜铃，作挣扎状，似为活埋。南端有祭祀牛头骸骨，棺椁下腰坑中也有殉狗尸骨，东北角放有一个鳄鱼皮蒙面的鼍鼓。随葬品有青铜器 40 件。其中：酒器有觚 4 件，爵 10 件，卣 2 件，罍、尊、觯各 1 件；炊具有单把鬲 1 件，鼎 2 件，食器簋 1 件；生产工具有石镰 1 件；饰物有玉饰 6 件；另外还有骨器、陶器等。

二号墓：一椁二棺，男墓主仰身，女性侧身面向男性。墓室中还可看到，头骨被砍作前后两半的殉葬奴隶骨骼，以及祭祀的牛腿骨、

历史遗存

二号墓穴平面图

1. 铜饰（填土中）；2、5、8、11~15、23、24、32、33、47、48、53~57、66~67. 矛（其中13、32合为1件，15、48合为1件）；3、70. 贝；4. 陶鬲；6、7、9、10、21、22、49~52、65. 戈；16、17. 弓形器；18、25、27、34~37、42~44. 爵；19、58、59、61~64、69、71~75. 玉饰：20. 兽首刀；26. 管状器；28. 镞；29~31、41. 觚；38. 鼎；39. 簋；40. 卣；45、46. 罍（合为1件）；60、68. 骨器。
（未注明质料者均为铜器）

腰坑下的狗骨。随葬品有青铜器、玉器62件。其中矛19件，戈11件，兽首刀1件，爵10件，觚4件，鼎、卣、簋、罍各1件，还有玉虎、玉兔等13件。两墓共出土石器、玉器、骨器、陶器、青铜器等珍贵文物138件。考古工作者在清理时，还在椁盖上发现有席子丝织物痕迹。丝物上有红、黑、黄等颜色绘制的彩色图案，较明显的图案有弧线条、圆点等。专家们认为这是棺椁上的丝织画幔。

根据以上记录，专家们在考证辨别过程中，充分寻找依据，最后以沈起炜所著的《中国历史大事年表》一书中对殷墟发掘的实例记录，将殷墟与旌介商墓作了类比，即："1928 年以来在殷墟（河南安阳小屯村）进行多次发掘，发现大量甲骨、青铜器等，并有宫殿、作坊、陵墓遗址。青铜器生活用具酒具最多，证明粮食较丰及贵族嗜酒之俗。丝绸纹样也很复杂。青铜武器有矛、钺戈、矢镞等。墓葬中有大量杀殉。时间约在盘庚以前或同时。"而旌介商墓的实情，不但与殷墟相似，而且存在许多相近之处。因此，大家一致确认，旌介两墓为商代晚期墓葬，其墓主一为君王，一为武将。

另外，通过考古钻探发现的古城址、仓储、墓葬、作坊，以及两墓出土的青铜器多为酒器、饮具、武器，还有被殉杀的奴隶以及椁棺上的画幔等，都说明这里在殷商晚期曾有过的文明与辉煌。尤其是一椁多棺的男女合葬式，即男墓主仰身直肢，女墓主侧身面向男墓主的安葬式，明显地反映出男权文化思想，这在商代是极为罕见的。据专家说，这种葬式在甘肃省武威县皇娘娘台和永靖县秦魏两处齐家文化墓地已存在。齐家文化是我国铜石并用时期的一种文化，分布于甘肃洮河、大夏河、渭河上游和青海湟水流域。其生产工具以石器为主，开始出现红铜器，与大汶口文化晚期一样有男女合葬的墓室。追溯其年代，经过专家"碳－14"测定，约为公元前 2000 年，属于原始公社制解体时期。由此不难看出，旌介两座"妻妾殉夫"的异姓成人合葬墓，显然是古

铜觚

铜爵

铜卣

55

铜鼎

历史遗存

老的齐家文化葬俗的承袭。

除此之外，在旌介商墓出土的青铜器尊、鼎、爵、觚、卣、簋、矛等器皿上，可见"邑""亚羌""羌""明""〿"与"𣄼父已"三字铭文。三字铭文是商代晚期的特征之一。而铭文中近似"〿"的符号最多，不排除是族徽符号。据专家说，以往出土的器皿上有这种族徽标志的地方，主要在山东、辽宁、河北、河南、陕西等地，但都是零星出土，数量不多，而旌介两个墓葬中集中出现这么多带族徽的器皿尚属首例。由此有专家认为，旌介一带很可能是殷商晚期"〿"族所代表的方国所在地。但就"〿"是否为族徽和地域所属的看法，专家们各持己见，还在考证之中。

1988年《北京大学学报》（哲学社会科学版）第2期，发表的李伯谦《从灵石旌介商墓的发现看晋陕高原青铜器文化的归属》一文认为，灵石旌介商墓的发现，不仅可以在包括灵石旌介铜器群在内的该地区诸多铜器群中划分出两个不同的青铜文化系统，即一个是以灵石旌介铜器为代表的青铜器文化系统，一个是以山西石楼、陕西绥德等地出土的青铜器为代表的青铜文化系统，而且还可以初步判定前者是商文化发展过程中在当地形成的一个地域类型、一个分支，是与商王朝有着较为稳定的臣属关系包括居住在灵石一带的"〿"族在内的诸友好方国的遗存。

1990年《考古》第7期发表的殷玮璋和曹淑琴《灵石商墓与丙国铜器》一文，将灵石旌介青铜器上的铭文解释为"丙"字，而非徽识。并收集了170余件有此字的青铜器，将其分为殷墟前期、殷墟后期和西周早期。判定旌介铜器的时代为殷墟后期，文中认为丙国已经掌握了较高的铸造工艺技术，其社会生产水平与商王朝接近。这个国家拥有充裕的人力、物力和财力。整个丙国的青铜文明，虽然受到殷商文明的强烈影响，但又保存了不少当地文化的固有特色，说明这里的青铜文明绝非殷商文明的简单移植，而是在晋中地区特定条件下发展起来的。

而 1992 年出版的《山西省考古学会论文集》中陶正刚的《灵石商墓亚羌铭试析》一文，对灵石旌介出土的亚羌族徽识进行了详细的考证，认为商时期在山西中部、南部确实有羌人的存在，并不断侵犯商的边境方国，并指出旌介是羌姓"$\overline{W}$"族的所在地。

因此，有关这两个问题，还有待专家们的进一步研究论证，相信必将会有一个较为准确的结论。

此外，专家们还在出土的铜簋上发现了一个真实动物的图案。而这个动物似驴非驴，似马非马，其体征十分特别。对此，张颔先生所撰《"赢簋"探解》一文，以古文献进行考证，确定此动物为最早见于戎狄的"骡"形象，并因此推断今天的山西省一带，为我国古代中原和西北民族文化交融的纽带地区，因为当地人们看到这种非驴非马的奇兽自然会将其形象描绘下来，这符合人们的心理习惯。由此，也证明了驴、骡传入内地的历史至少应该提前到殷商晚期，比史书记载的时间要早五六百年。也就是说，驴、骡在那个时候已经传入灵石静升旌介一带。

旌介遗址在墓葬发掘后的第二年，即 1986 年，被山西省人民政府公布为山西省重点文物保护单位，1996 年，被国务院公布为全国重点文物保护单位。

历史遗存

冷泉关遗址

冷泉关，初名北川口，又名阳凉关，位于灵石县两渡镇以北，处晋南盆地与晋中盆地绵延七十里汾河峡谷之最北端，古称"雀鼠谷"北口。其东至谷口，西至汾河畔，北至桑平峪大涧口，南至崔家沟以北。属三晋腹地之咽喉，扼南北之要塞，有"屏藩冀北，巩奠河东"之说，自古为兵家必争之地。

追溯其历史，早在战国末年，实力强大的北方匈奴不满足于河套原有的领地而不断向南扩展，致北方各诸侯封地屡遭侵扰，民不聊生。至秦代，为遏制其肆意扰民，便将南下的必经之地冷泉关纳入介休县管辖，开始在关口设置各种路障，使北方匈奴每次经过此地都不能顺利通行。

至汉代，因汉高祖刘邦率部征讨北方匈奴被困于大同，吃尽了苦头，突围返朝后，便号令各路兵马彻底剿灭北方匈奴。随之，冷泉关便成为山西中南部的战略要地和重要关口，不仅修建了冷泉行宫，还特别加强了军事防御功能。据说在峡谷中设置了不少带有机关的暗器，致匈奴每次经过都有伤亡，后来被匈奴称为"鬼门关"。

进入隋朝，灵石置县，冷泉关划归灵石县管辖，开始由弓兵日夜把守关口。隋大业十三年（617），国内大乱，时任太原留守的李渊，趁势从太原举兵南下，攻克冷泉关卡，沿途荡平隋将宋老生军营，招降霍邑关中孙华起义军，顺利攻取长安。隋义宁二年（618）唐朝建立，唐武德三年（620），统一大业初定，冷泉关划区设镇，不仅完善了军事防御功能，还兴建了驿站、车马店、客栈等，商业贸易也日益发展起来，成为人们颇为关注的重镇。至于偌大的关城是否建于此时，没有查到翔实的记录。

南宋时期，冷泉关城内的居民与日俱增，商业经济也迅速强大起来，成为颇具规模的贸易集散中心。至成吉思汗八年（1213），蒙古析置小灵石县，且县治功能俱全。至至元二年（1265），因不满千之州县而并省户入介休，时达52年。至元末已是"关内盈盈居民千家，富商巨贾数不胜数"。

至明洪武九年（1376），冷泉关复归灵石县，设冷泉里，为当时灵石县的五大镇之一，其关内人口万余，约占全县总人数的三分之一。至明代中后期，由于政治腐败，国力衰微，时有外患来袭，故而当地平阳府（今临汾）不得不继续重视和加固冷泉关隘要地。据记载，此间不仅加高加厚了城墙，还于嘉靖四年（1525）在南北城门上各筑起门楼一座。后于嘉靖三十二年（1553），又创建了关城小南门楼。不幸的是，至隆庆元年（1567），本以为固若金汤的关城，还是没有抵挡住蒙古俺答军的侵袭，不但城破失守，而且城内的不少房屋都被烧毁，致冷泉关一度"城垣楼雉，日就倾败"。直至万历四十五年（1617）才得以修复，并增建"官舍六角楼二，壁垒陴堞"。

然至清康熙以后，国内安定，冷泉关的军事防御与驿站传输等各项功能及经济开始弱化，且多年形成的关隘文化体系也开始日益瓦解。特别是进入民国以后，关城原有的职能全部被废，仅成为盘查过往行人的一道路卡。至民国23年（1934），随着驿站的裁撤而划归两渡镇管辖，其关城也由于年久失修，多处建筑坍塌，后在日本侵华时期彻底毁于炮火而沦为一片废墟。

值得一提的是，这一古老的交通关卡，其历史内涵，可谓集"军事、关隘、建筑、商贸、民居、宗教"等文化为一体，具有深厚的文化底蕴。据统计，历史上的冷泉地域，除建有偌大的关城外，还有东山高岗上占地25000平方米的冷泉寨（亦称冷泉堡、蝎子堡、冷泉村），以及各类寺庙23座、牌坊15座。另外，还有其独特的地理环境和气候条件所自然形成的"冷泉烟雨"胜景，曾于清嘉庆年间被列为灵石县古八景之一。

历史上不仅有众多的帝王将相曾过往冷泉关或下榻于冷泉行宫，还有不少名流大家也于此留有足迹并多有题咏。譬如，唐玄宗李隆基在其《南出雀鼠谷答张说》一诗中写道："背陕关山险，横汾鼓吹频。草依阳谷变，花待北岩春。"即通过对雀鼠谷沿途的景物描绘，点出春天已临近。又譬如，晚唐著名诗人李商隐路过冷泉关时，留下《寒食行次冷泉驿》的千古佳作。诗曰："归途仍近节，旅宿倍思家。独夜三更月，空庭一树花。介山当驿秀，汾水绕关斜。自怯春寒苦，那堪禁火赊。"表达了诗人目睹眼前景物所产生的浓浓思乡之情。还有清代文学家王士祯途经冷泉关时所作的《冷泉关道中》一诗："南经雀鼠谷，崎岖殊未休。路随千嶂转，峡束一川流。滩急长疑雨，蝉嘶畏及秋。云峰将落日，立马迥含愁。"诗人以景寓情，借物比兴，淋漓尽致地描绘出冷泉关的崎岖与险峻。

悠悠2000余年的古老关隘，往事已化作云烟，成为传说，但它的遗址遗迹尚存，不仅佐证了灵石县地域文化的久远与厚重，而且为研究我国古代军事文化提供了极其重要的依据。此外，还有关内主体建筑保存下来的冷泉古寨，映照出这里曾经盛极一时的繁华旧影。

灵石古道

灵石地处太行山与吕梁山下的汾河峡谷间，为秦晋南北往来的必经之地。因此，从秦汉时期起，这里便先后开通了韩信岭、雀鼠谷、千里径三条南北官道以及由西而东的灵沁古道和东南连接西北的西山古道。千百年来，这五条古道对灵石政治、经济、文化的发展和繁荣都起到了至关重要的作用。

韩信岭古道

韩信岭古道在灵石城南玉成村经韩信岭（原名高壁岭）、仁义河进入霍州境内。韩信岭古道作为南北往来的咽喉要冲，据有关资料记载，早在西汉初期就已经很通畅了。汉高祖十年（前197），赵相国陈豨反叛，勾结匈奴，自立为代王。刘邦率部北伐，翌年，破了陈豨返程至高壁时，恰逢吕雉斩杀韩信后差人"函首送帝所"。刘邦一番感叹后，随即将韩信首级葬于高壁岭上，后人因此称"高壁岭"为"韩信岭"。

至汉武帝时，张骞出使西域，开辟了丝绸之路，这使韩信岭古道成为山西人和西域商贾贸易的主要通道。而且西域商人为了旅途方便，

韩信岭古道

还在韩信岭附近设立了日常居住和存放货物的交易场所。当时人们为了记住此地，将其称为"贾胡堡"。这一名称，后来多见于史书。《资治通鉴·隋纪》中可见恭帝时"义宁元年秋七月壬戌，唐高祖李渊军屯贾胡堡，去霍邑五十余里"；《括地志》也载有"汾州灵石县有贾胡堡"之名。可以说，韩信岭古道的畅通和贾胡堡的设立，为灵石的商业贸易创造了契机。或者说，当时的灵石已有一定数量的对外贸易。此外，由于这里山高险峻，一直为历代兵家必争的战略要地。现在部分古道遗迹依然可辨。

雀鼠谷古道

雀鼠谷古道在灵石城南玉成村之北与韩信岭古道相合重叠，玉成之南沿汾河而下，设有鲁班缠栈道，经禹门（夏门），出阴地关（今南关），进入霍州境地。据郦道元《水经注》载，"南过寇爵津"，寇爵津者，"汾津名也"，"俗谓雀鼠谷，谷中两山夹水，崖路险峻"，素有"燕翼之御，秦蜀之径"的称谓。隋开皇十年（590）灵石置县后，雀鼠谷古道属灵石境内。传说灵石县城建成之后，特别是进入唐代中后期，由于距离南北往来必经的玉成村很近，许多常年往来于韩信岭和雀鼠谷古道的外地商人，便经常在县城客栈歇脚留宿，而且还与城里的商人多有贸易上的往来。其时，城内的商贸已呈现出较为繁华的景象。除此之外，由于这一带地势险峻，虎豹难越，飞鸟难渡，两岸"数十里偏梁阁道"（《水经注》），因此，自古就被称为南北孔道，亦是兵家必争之地。历史上"秦王破阵雀鼠谷"的故事，家喻户晓，流传至今。

千里径古道

千里径古道从霍州绕东山之麓，经灵石境内的东许、军寨、马和等崎岖山路辗转进入静升地域，然后从静升北山的帅家山、斩断垴村直达介休。据史料记载，此道为南北朝时期东魏平阳太守封子绘开凿的。之后，常有外地过往的商人在静升、马和一带活动。其中有些商人把货物运送到各个村落，然后雇佣当地人，挑着货郎担沿街巷去叫卖；有的商人还在当地不断招收伙计学徒，给自己的生意增添人手；

千里径古道

历史遗存

还有一些酿酒、酿醋的小作坊生意人，由于长期往来于此，混得地熟人熟，最后携家落户下来就地办起了作坊，等等。这些因素对灵石河东各村早期的商业发展都起到了重要的促进作用。另外，此道也是历代兵家必争之地。据说宋太祖赵匡胤率部下河东时就从此道经过。现在古道仍有踪迹可寻。

灵沁古道

此道始于灵石，止于沁源。其行径有二：一是经本县仁义、东许村入石膏山而往；二是沿静升河谷，路转马和村入后悔沟攀山径，行百余里抵达沁源城。据说在很久以前，灵石南关及霍州一带的商贩及行人前往沁源，都要经过这里；而途经静升的第二条行径，一般都是灵石县城和西山的行人及商贩驴驮队经过，或出或入，中途大都在静升村歇脚留宿。另据有关资料显示，前往沁源的山上，进入严冬特别寒冷，清时常有路人被冻死或被冻掉耳朵，为此，静升村的西王氏家族，为了不让类似的事情发生，曾在古道的两头设有免费客栈，至今仍被传为美谈。值得一提的是，昔日在过路商人的影响下，静升一带的不少人学做起了生意，每年一到秋冬季节，他们或肩挑或用驴驮，沿着灵沁古道到沁源一带去贩卖货物，而且每次返回来的时候，人畜不空，还要顺便往回发运一些人们日常所需的各种物品。显然，这为灵石及静升一带后来商业的发展和繁荣奠定了良好的基础。据说这条古道现在依然行人不断。

西山古道

该古道起于灵石，止于内蒙古草原一带。其行径有二：一是从本县仁义河南行至阴地关（今南关镇），然后向北经沟峪滩至夏门越秦王岭；或由仁义向西翻越韩信岭至夏门越秦王岭，沿羊肠小道经段纯、双池（今属吕梁市交口县）顺着西北方向而抵达；二是从灵石县城向西南行 20 里至秦王岭，沿第一条行径而往。据有关资料记载，此为明初实行"开中制"以后，坊间开拓的一条由东南前往西北的商路，

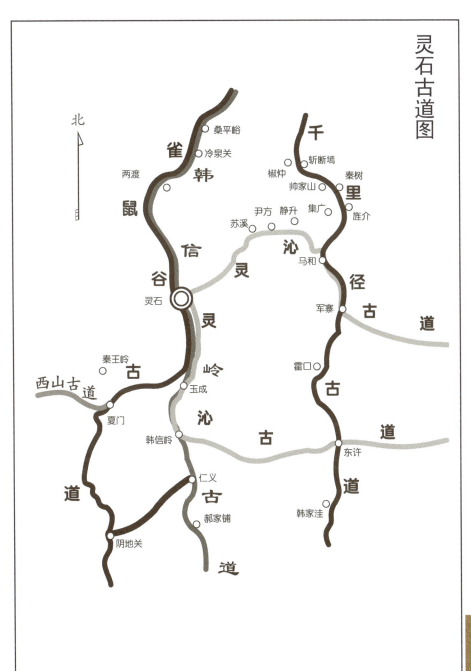

灵石古道图

北

桑平峪
冷泉关
两渡
雀 韩
鼠
信 谷
灵石
灵
岭
秦王岭
古
西山古道
玉成
夏门
沁
韩信岭
道
仁义
古
阴地关
郝家铺
道

千
斩断塔
椒仲 秦树
帅家山
集广
尹方 静升 旌介
苏溪
沁
里
径
马和
军寨 古
道
霍口
古
道
东许
韩家洼
道

65

（依据历代《灵石县志》残存碑石资料绘制）

也是晋（晋南、晋东南）、秦、川、豫途经灵石、碛口（今属吕梁市临县境内）、偏头关（今忻州市偏关县）抵达内蒙古草原的一条捷径。后来由官方拓展为一条运输军用物资的专线，且沿途还为官员及差使等设有客栈。不过，这些客栈是不允许商人入住的，因为那时商人的地位比较低（即在"士农工商"中，排行最后一位）。鉴于此，商人们后来便联手在段纯、双池、碛口等沿线的镇子和大村舍开设了商铺、车马店及货栈。一方面为过路的同行提供歇宿的地方，另一方面也扩大了自己的生意。其实，在更深层意义上，这一举动，大大拉动和促进了当时沿线一带的经济发展。

据了解，这条古道即为 20 世纪 60 年代所开辟的灵石县由夏门镇至段纯、双池（当时属灵石县）两镇盘山公路的前身，其中有一部分路段因改道被废，遗迹至今尚存。

韩 信 岭

　　韩信岭，原名高壁岭，位于灵石城南 10 千米处的高壁村，因岭上有韩信墓而得名。

　　韩信岭巍峨雄浑，层峦叠嶂。东望太岳，西临汾河，岭上有秦汉时开辟的官道，属三晋腹地之咽喉，扼南北交通之要冲，素有"秦晋通衢"之称，自古为兵家必争之地。

　　据史料记载，自秦始皇统一天下后，韩信岭就屡有战事。汉高祖三年（前 204），韩信大军攻打赵国途中，与代相国军营在此交兵一个整日，相国夏说被韩信生擒。汉高祖十年（前 197），刘邦率师北上征讨陈豨叛乱，往返途中皆于此屯兵休整；隋末，李渊父子同隋军多次在此交锋。明末，李自成起兵攻取灵石县城时，与明军在此大战三天三夜。清顺治五年（1648），绵山抱佛寺反清的侯和尚率众弟子与清军两次在韩信岭交战。传说顺治末年，韩信岭古道附近，藏有一个二百余人的反清团伙（多数为败落的明军后裔），为此清军进行过一次彻底清剿。抗日战争时期，国军第二战区副司令长官兼前敌总指挥卫立煌，在这里指挥了著名的"韩信岭阻击战"，取得了历史性胜利，

历史遗存

韩信岭之巅

被传为佳话。

　　此外，由于韩信岭为南北往来的必经之路，且岭上又有韩信墓、韩信庙。因此，历史上有不少帝王将相、达官显贵及大家名流于此都留有足迹。除前面提到的韩信、刘邦、李渊等以外，还有北魏太和十七年（493），孝文帝元宏从平城（今山西大同）迁都洛阳时途经这里，并由此过灵沁古道时，在石膏山附近的孝文山建有临时行宫；隋开皇十年（590），隋文帝杨坚北巡太原时于此经过，且行至北麓傍河开道获一石："似铁非铁，似石非石"，以为祥瑞，遂赐名"灵石"，并颁旨割地置县，取名灵石县；唐贞观年间，唐太宗李世民赴太原、直隶两地体察民情途中，在此拜谒过韩信墓。传说清光绪二十六年（1900），光绪皇帝与慈禧太后西逃时取道韩信岭，但行至岭上忽闻仁义郭家沟桥附近有黑衣人出没，遂又折回灵石县城，改道静升河沿千里径古道南去。一说行至韩信岭时，为防不测便绕道灵沁古道转折仁义镇留宿。两种说法皆无从考证。此外，从现存的几套明清及民国版本《灵石县志》可知，晚唐著名诗人李商隐、殷尧藩，明代名臣于谦及著名文学家王世贞等，都曾途经韩信岭拜谒过韩信墓、韩侯庙，并留下传世诗作。

韩信岭，因韩信墓而名，以古道而传承着历史文明，是一处富有传奇色彩的历史名胜。据悉，当地县镇两级党委政府，正在筹划岭上韩信墓与韩信庙的修复事宜，相信在不远的将来，韩信岭将会更加名扬天下。

历史遗存

韩信墓与韩信庙

韩信墓

韩信墓位于韩信岭高壁村西侧的一块平地内，墓丘周长约 30 米，高约 10 米。该墓四周原有两米多高的砖砌围墙，大门坐于南向，入门有一条宽约 1.5 米的甬道通往墓丘，墓前立有一块大青石碑刻，上书"汉淮阴侯墓"，旁边植有 20 余株高大的松柏（现已不存）。据说，早年间每逢清明时节，当地百姓和过路的达官显贵及文人雅士都要到墓前拜谒。

韩信（前 231—前 196），淮阴人（今属江苏），西汉开国功臣，与萧何、张良并称"汉初三杰"，与彭越、英布并称汉初三大名将。其自幼家贫，寄食于人，喜欢读书习武。秦末投奔项羽，经夏侯婴举荐拜治粟都尉未得重用。后由萧何保举到刘邦麾下，深得刘邦器重，拜为大将军并封齐王。楚汉开战，韩信率兵攻占关中，后与刘邦会合，灭项羽于垓下。汉朝建立，刘邦改封韩信为楚王。汉高祖六年（前 201），因有人妒忌韩信，诬告其谋反，刘邦听信谗言将其降为淮阴侯。之后，吕后与朝中几位大臣担心刘邦死后韩信篡位，便一心要将其除

掉。汉高祖十一年（前196），刘邦率部北征期间，即是年九月十三日，吕后设计让萧何把韩信诱骗至长安长乐宫钟室，以谋反罪名砍下其首级。对此《史记·淮阴侯列传》有记载曰："吕后使武士缚信，斩之长乐钟室。"事后，吕后遣人将韩信首级送往刘邦营寨，适逢刘邦大军平叛返回至高壁岭。刘邦见过首级，一番感叹后，遂将其葬于岭上。传说偌大墓丘是众将士手捧黄土，每人一捧堆积起来的。之后，当地百姓念韩信大将军一生忠勇，便在其墓丘四周筑起围墙，种植了松柏。但因后来战事不断和疏于保护，及至"文化大革命"期间，韩信墓原有的风貌已渐渐不复存在，仅剩下一座墓丘和一通墓碑。

韩信庙

韩信庙建于韩信墓丘前。据史料记载，该庙始建于金明昌年间，初时仅为三孔砖碹拱形十字窑洞，正殿内塑有韩信佩刀坐像。至元代先后有过三次修葺，并在殿内绘有壁画。至清乾隆二十九年（1764），由当地百姓募资在正殿东西增建廊庑各三间，并在院内设石刻香案一台。但因韩信岭处于战略要地，历代战事此起彼伏，连续不断，庙内围墙及东西廊庑多处受损。至20世纪60年代初，县文化馆进行文物普查时，庙宇尚存，并有一尼姑（介休人）在庙内居住。之后于 60 年代中期，庙宇大面积被毁。现仅存创建时的殿宇三间和庙门楹联一副。其上联为："西望关中，百战十年空鸟兔"，下联为："北临绵山，千秋一例感龙蛇"。该楹联及墓前的"淮阴侯墓"碑刻，现保存在县文物管理部门。1994 年，韩信墓及残存庙宇被列为县级重点文物保护单位。

灵石古八景

灵石古八景有明代版和清代版两种。根据明万历二十九年版《灵石县志》载，明代八景为：翠峰拥秀、汾水环漪、阴地微阳、冷泉伏脉、霍山堆云、腹岩积雪、膏山活石、介庙神花；根据嘉庆二十二年版《灵石县志》载，清代八景为：翠峰耸秀、汾水鸣湍、冷泉烟雨、两渡秋晴、霍山雪霁、夏门春晓、苏溪夜月、介庙松涛。两者除个别景观相同外，其他各有千秋。

一、明代版八景

翠峰拥秀

此景位于灵石县城南端（原老城东门外）的翠峰山。据明万历二十九年版《灵石县志》载：此山"石壁巉岩，峰峦耸出；林木丛茂，苍翠可观；晓雾暮烟，卷舒变化。一登其上，而城墅景物尽在目前。且重山叠嶂，四望无穷，而梵宫琳宇遍满山麓，新建文昌阁于上，愈为邑之大观云。"

据考，该景观即为后来清代版八景中的"翠峰耸秀"。其历史变迁与现状将在后文中陈述。

汾水环漪

此景位于灵石县城汾河北端（原老城北门外）。据明万历二十九年版《灵石县志》载："河自西北来，与县北门外小水河合，自城西流向东南，三面旋绕如带，波涛汹涌，倾泻不穷，水声流渐，响应山谷，每月光荡漾，上下沉浮，足称一方胜概云。"

该景观至20世纪六七十年代，由于汾河上游多处截流，加之自然水位缩减而逐渐消失。

阴地微阳

此景位于灵石县城以南的南关镇一带。据明万历二十九年版《灵石县志》载："其地燥亢，晋中风气苦寒，县介平阳、太原中，冷泉迤北清霜白草，风景凄然。至县以南渐觉温暄暖，人情亦稍舒畅。冬初霜降，而此地独无，故云。"

该景观为南北自然气候的差别所致，现在每逢深秋与初冬季节的清晨，由北而南依然可以领略到这番景况。

冷泉伏脉

此景位于灵石县城北部的两渡镇冷泉关附近。据明万历二十九年版《灵石县志》载："其下与汾河通，水之盈涸视汾河为消长，而清冽寒凉与他泉迥异，故云。"

该景观由于自然水资源缩减，加之汾河上游长期截流，现在已经消失。

霍山堆云

此景位于灵石城南与霍州交界处的霍山。据明万历二十九年版《灵石县志》载：其"四时云气弥漫，非极晴不能尽见。云交即为雨，土人望之以为雨征，故云。"

该景观为大自然所产生的奇特现象。每逢晴空万里或雨后天晴时，依然可一览霍岳千姿百态之堆云。且秋夏浓云密布时，仍被当地人视为南雨欲来的征兆。

腹岩积雪

此景位于灵石县与介休市交界处的绵山抱腹岩。据明万历二十九年版《灵石县志》载：其"高出云表，非跻攀不可得陟，秋冬方微雨，上已大雪数尺，春融时仍未消，望之若银堆然，故云。"

此景观一如往日，每至秋冬与春天，绵山抱腹岩顶，白雪如银，光耀四方，远远望去，令人神往。

膏山活石

此景位于灵石城东南石膏山上岩白衣洞内。据明万历二十九年版《灵石县志》载：洞内"左为龙洞，其水冬夏不盈涸。寺僧塑像岩下，石膏汁滴满石岩，埋没其像，再塑再埋，凡三易其像，并三大其殿宇云"。

该景观早年间被列为石膏山著名的十景之一，明代被列为县古八景之一。据《石膏山志》载，其山"石中流津，喷液如珠似玉"。又曰："石膏者，乃熔岩钟乳也。"传说，山上曾住着一位白衣医婆（又称白衣大士），常常在夜里出山为附近的村民治病，手到病除，分文不取。后来她在山上的上岩洞坐化，石液抱裹其身。因当时人们不识石钟乳而称之为"神液"。于是便有了"膏山活石"之说，并将原"石高山"之名亦改为"石膏山"。据说清乾隆年间上岩洞顶部还有一个碗大的流津口子，但后来渐渐被津液自然缝合了。如今洞中千奇百态的熔岩钟乳，仍是当地的一大奇观。

介庙神花

此景位于灵石城东马和乡以东的介庙。据明万历二十九年版《灵石县志》载："庙中有牡丹数本，枝干硕大，不知何时所种，每开时花皆红色，惟白花一朵开无定处。土人密识其枝，明岁即另易他本。人以为神，不敢轻折。每时花开，四方观者不远数百里，且弥月相续不绝云。"

自古以来，牡丹花开，大都为红、白、紫色，并非同株异色者，而介庙牡丹竟然出现了同株异色且无定株的奇迹，故坊间称之为"神花"。

此景观于明、清及民国初中期确是本邑的一大奇观，可惜至1942年，介庙被侵华日军烧毁，庙中牡丹也随之灭迹。现在介庙虽已修复，但再种不出当年那样的牡丹奇葩了。

二、清代版八景

翠峰耸秀

翠峰耸秀即为前明代版灵石八景中的"翠峰拥秀"。只是将"拥"字改为"耸"字而更加彰显了山峰的气势。据清嘉庆二十二年版《灵石县志》载："灵石地当孔道而群峰环绕，孕翠泄烟，城南一峰尤为甲秀，建文昌阁于其上，点景弥佳，行人翘首，宛如身在画图。"

该景观之胜，清人杜先华《翠峰耸秀》一诗云："天然削出玉芙蓉，紫陌红尘未许封。杰阁烘丹凌峭壁，疏林叠翠耸奇峰。慕涛低卷汾声壮，晓雾高涵石气浓。放眼最宜唯九日，凭栏凝眺豁心胸。"还有清人谢淇的《庚午秋登翠峰山文昌阁》一诗云："翠峰山倚软桥东，初上如无路可通。云树豁然生动处，文昌阁在夕阳中。"

日军侵华时期，由于战火等因素，山麓的"梵宫琳宇"（即佛寺、道院）古建筑先后被毁，山上的林木被伐，巅峰的文昌阁也未能幸免，曾一度沦为荒山秃岭，致"翠峰耸秀"的美名一落千丈，陷入尴尬境地。好在20世纪90年代后期，当地政府投巨资在翠峰山上建了华北最大的山顶公园，不仅恢复了曾经漫山林木叠翠的风姿，又在巅峰文昌阁原址建起一座巍峨壮观且古色古香的"集贤阁"。虽不能说恢复了翠峰山原有的面貌，却大有"翠峰耸秀"的况味。

汾水鸣湍

该景位于县城原西门外至十八甲以北的汾河段。在这段河流中，有一尊从岸边伸向河中的偌大石墩，汾水至此，由于冲击力量凶猛，致波涛怒号而响彻河谷。据清嘉庆二十二年版《灵石县志》载："汾水绕城自北而南，又有东来山涧名小水河，亦归汾流，乱石相激，汩汩有声，当夜深人静，城郭间一片清森之韵，使尘氛顿远。"

该景观自古颇受文人雅士的青睐。清人有诗云："汾水流澌几处同，独传此地响淙淙。蛟龙夜吼危滩月，雷雨秋号落水风。谯鼓齐喧城左右，寺钟疏度峡西东。不知谁作回澜手，瑞石亭边想象中。"诗作以"蛟龙夜吼"与"雷雨秋号"的比喻，形象生动地描绘出"汾水鸣湍"的不凡气势。

然而，该景观至20世纪六七十年代，由于汾河上游多处截流，加之自然水资源缩减而不复存在。

冷泉烟雨

此景位于灵石县城北部两渡镇冷泉关一带。为著名的雀鼠谷之北口，也是南北往来的一道重要关隘。据清嘉庆二十二年版《灵石县志》载："冷泉为灵石之门户，两山夹水，古意萧森，当烟雨霏微之际，较三晋通衢别有幽趣，是以古今风雅之士过此必留题咏云。"

该景观贵在特殊的地理形势和"雨"如"烟"的微妙。清人有诗云："关雄三晋锁岩峣，峡束峰回去路遥。车毂临流喧石齿，人家陶穴住山腰。湿云垂野寒孤驿，乱树浮空带小桥。烟雨森疏重怀古，红衫青笠马萧萧。"又有诗云："峭壁悬崖乱翠飘，冷泉关口路迢遥。一帘花影迷茅店，两岸波光带柳条。薄暮人家烟淡淡，凌晨行旅雨潇潇。苍茫宛入天然画，草笠芒鞋过野桥。"两位前人的诗作，将该景观描绘得惟妙惟肖。

现在虽已时过境迁，但这里的自然气候变化不大，每逢阴雨绵绵时前来观赏烟雨，别有一番雅趣。

两渡秋晴

此景位于灵石城北两渡镇一带。据清嘉庆二十二年版《灵石县志》

77

载：“城北三十里名两渡，石桥蜿蜒，叠水环漪，平洲小艇宛见江乡，林梢青峰数叠，烟云变灭，每当秋晴雨过，浓翠扑人，觉无限诗情踊跃于斜阳村落间矣。”

据考，昔日此地两山夹水，汾河与古道纵贯南北，且两岸山林茂密，郁郁葱葱，山麓一河碧水波光粼粼，水中有舸公摇橹，河畔有渔翁垂钓，加之岸边农家年年喜获丰收，户户秋粮蔬菜堆满小院。故而有了“两渡秋晴”之说。对此，清嘉庆年间灵石县令王志瀜有诗云：“渡口秋风细雨零，云开斜照抹回汀。波穿树里双流急，岚滴桥头两县青。寒雁叫霜高阁迥，沙鸥曝日小舟停。村前偏是红尘路，过客劳劳趁晓星。”清人郑燨也有题咏曰：“秋色满关中，皎日照两渡。云开天气高，渺渺飞鸿路。一水锁长虹，孤村绕红树。摇鞭夕照中，蝉声嘶不住。”两首诗作，可谓将一幅秋晴图跃然纸上。

然而，经过几百年风风雨雨的洗礼，时下的“两渡秋晴”，由于冬春河水近乎断流，多无水面衬映，已不是原版的况味了。

霍山雪霁

此景位于灵石城南与霍州市交界的霍山。据清嘉庆二十二年版《灵石县志》载：“霍山在灵石之南，间露平冈，耸立天表，登韩侯岭观之，尤当奇胜。春秋常有积雪，每当晴日，晃漾夺目，林光云影，迥非画笔之所能状。”

该景观之妙，清人有诗云：“大山宫小山，小山瓜蔓似。粪魁拔云端，积雪浮云里。平岗走白龙，尾卷汾河水。韩侯岭见之，一片空明耳。”诗作以形象生动的笔触，将一幅“霍山雪霁”美景图展现在世人面前。现在，该景观依然不失昔日的风采。

夏门春晓

此景位于灵石城西南的夏门村。据清嘉庆二十二年版《灵石县志》载：“城西二十里为夏门村，楼阁参差，建于石矶之上，缥缈飞动。每值春和，满岸桃花间以垂柳，如展青绿，界画横卷，暖风迟日，居

夏门春晓石碣

然仙境。"

该景观美在拂晓时分登上百尺楼，有如置身于天上的玉宇琼楼。抬头远望，东山的天际线泛白，渐渐由白而喷射出万道霞光，使人倍感神清气爽而充满无限的期待；俯视脚下，晶莹的汾河之水，波光粼粼，一个个波浪将群山的倒影击得粉碎而流向西南；再看两岸，田野阡陌，杨柳婆娑，农家影影绰绰，已有勤劳的人们劳作的身影。令观者无不情随景骋，浮想联翩。

清人孙贻谟有五律诗云："一带山环翠，三篙水泼蓝。柳眉颦渐展，桃靥粉犹含。晓露沾衣重，春风着面酣。呢喃双语燕，景物似江南。"又如清人梁中舆的五言诗云："石气青于染，烟光面面同。楼台衔晓月，桃柳醉春风。山断高林补，河围曲径通。凭栏时瞩目，人坐画图中。"两首诗作从不同角度将夏门春晓如诗如画的意境描绘得淋漓尽致而令人神往。

现在，该景观的观景台百尺楼，虽历尽沧桑，依然保存完好。还有清嘉庆年间时任县令王志瀜书写的"夏门春晓"石碣，至今仍镶嵌在百尺楼底部的石壁中。只是由于河水每每断流，加之岸边高楼林立，该景观已失去古朴典雅的原始风貌。

苏溪夜月

此景位于灵石城东静升镇苏溪村东。据清嘉庆二十二年版《灵石县志》载："城东二十里为苏溪，水木清华，招提幽秀，岗峦环抱之中，至此，廓然开朗。每当夜色澄清，山衔好月，如读赤壁后赋，地以苏名或因此耶。"

来过这里的人都知道，在苏溪与尹方村连接的安济桥下，是一条

79

蜿蜒曲折的乡村小溪，小溪里面有一深潭，一股昼夜不停的流水像银蛇倒挂山腰直舔潭中，又从中外溢而弯弯曲曲地沿小溪向南汇入西去的静升河流。小溪的西岸杨柳婀娜，花草奇艳，簇拥着一座古色古香的赏月楼台，为登

苏溪夜月石碣

临赏月的最佳位置。每当夜色澄清，月挂东山之巅，清澈的潭水里，仿佛闪耀着一颗晶莹的明珠，与月光交相辉映，衬映着朦朦胧胧中蜿蜒起伏的群山，构成一幅悠然淡雅的风景素描而引人入胜，这便是"苏溪夜月"。

据现存史料显示，历史上曾有无数文人墨客慕名来这里赏月，且多有题咏。譬如：清代六合（江苏）人孙贻谟的题诗云："何地无明月，偏宜此处看。三人邀影对，双镜倚波寒。夜景心因静，更阑兴未阑。僧寮循小槛，数遍竹千竿。"又如清代贵州人郑燧的题诗云："月挂东山巅，水中横藻荇。大地光欲流，倒浸竹柏影。我行到苏溪，真有如是景。不见张怀民，独立溪头冷。"等等。为该景观平添了浓厚的人文气息。

可惜至20世纪六七十年代，溪边的赏月楼台因年久失修而塌毁，溪水也随自然水资源的缩减而时有时断，没了昔日的气场，所幸"苏溪夜月"的石碣，还完好无损地镶嵌在附近深井洞口的石壁间。

介庙松涛

此景位于灵石城东马和乡张嵩村东绵山（介山）脚下的介庙一带。据清嘉庆二十二年版《灵石县志》载："介山之胜，自东周迄今矣，山麓林木蔚然深秀，其中百尺乔松不下数千万株。林中祠宇巍然，境地清远，静听松涛，恍同钟子期神游海上。"

该景观之胜在于，每当西北风呼呼大作的时候，茫茫林中的松涛

声就如同怒号的大海波涛一样，给人以山崩地裂、天翻地覆的骇然之感；而每当微风徐徐，嘶嘶作响的涛声又像是一曲天籁交响乐，有起有伏，娓娓动听，给人以无尽的遐想。清代绵上四山人之一的王佑，在其《宿介林山楼听松涛歌》一诗中云："初疑骤雨打窗纸，萧萧飒飒差可拟。又似八月钱塘潮，恍然身卧江帆里。"清嘉庆年间本邑县令王志瀜也有诗云："习习谷风生，波涛鸣万顷。"由此，不难想象当年介庙松林之浩瀚，松涛声之气势。

然而，偌大林海至1942年，竟然被侵华日军砍伐一空。从此，介庙松涛便成了传说。如今，尽管介林与介庙均已修复，但林中松柏尚幼，不成规模，且北部有一大半的原始林地已划归介休市所辖，若要恢复当年松林的规模气势，恐一时难成。

历史遗存

翠峰耸秀

汾水鸣湍

历史遗存

冷泉烟雨

两渡秋晴

85

霍山雪霁

夏门春晓

87

芡溪夜月

介庙松涛

历史遗存

仁义古镇

　　仁义古镇是灵石县历史上五大重镇之一，位于县城西南20千米处。其东望石膏山，西临汾河水，北依韩信岭，南接霍州界。地理坐标为东经111°46′，北纬36°44′。这里沟深林密，地形特殊，为秦晋古道（即韩信岭古道）南来北往的必经之地，亦是自古兵家必争的军事要冲。

　　仁义，为灵石县南河的第一大村舍。据明万历二十九年版《灵石县志》记载："仁义镇，唐太宗兴仁义之师，既取霍邑，刘武周据高险以扼其后，太宗复破之，故名。"其村落从东至西，分别由园子、东圪塔、窑弯、后街头、后门前、西圪塔、西头底、前街头、大石瓦等建筑群落组成，状若一条长龙，横卧在韩信岭脚下。村南有一条较为宽阔的河流，俗称"仁义河"，古谓"天河"（即取天河水之意）。其源于沁源，流经尖阳山、石膏山、沿河诸沟及村落向西至南关镇汇入汾河，为灵石县的五大河流之一。

　　据考，仁义河谷在新石器时期就已有了先民活动的足迹。20世纪80年代在仁义河南的逍遥村发现的仰韶文化遗址，以及2012年在该遗址出土的大量陶器碎片足以说明这一推断。秦汉以来，随着秦晋古道的开通，仁义这块古老的土地上，留下众多帝王将相和才子名流的足迹。譬如，汉高祖十年（前197），赵相国陈豨反叛，勾结匈奴自立为代王，刘邦率部北伐的往返途中都经过这里；隋开皇十年（590）文帝杨坚北巡太原于此经过；隋末，李渊父子同隋军在韩信岭多次交战，曾屯兵于仁义镇一带；唐初，隋起义将领之一的刘武周在仁义镇筑堡布阵抗衡李唐军，后被李世民所率之师击败；唐贞观年间，唐太宗李世民赴太原、直隶两地体察民情从仁义镇经过；宋太祖赵匡胤率部下河东从灵沁古道辗转经仁义镇南下。据传，清光绪二十六年（1900），光绪皇帝与慈禧太后西逃时，从韩信岭绕经灵沁古道转至仁义镇留宿一夜，当日村里黄土垫道，清水洒街，一派肃穆景象。此外，在当地还流传着晚唐著名诗人李商隐、殷尧藩与明代名臣于谦、著名文学家王世贞及明末清初思想家傅山等过往韩信岭途中在仁义驿馆下榻的传说。

隋开皇十年（590）灵石置县后，仁义作为县域南北交通枢纽的重镇及南大门，颇受历代官府的重视。据有关史料显示，隋唐灵石建县之初，仁义被设立为灵石县五大镇之一，即为南河一带政治、经济、文化的中心；宋元时期，镇内增设驿站、邮亭；至明代，增设镇守（即驻军防守）、公馆、社仓；至清顺治十六年（1659），增设巡检司，负责镇区治安等事宜；至民国年间，山西实行编村制，仁义改为第三区编村，辖10村、17闾。中华人民共和国成立以后，仁义仍为县属农村一级行政管理机构，名称有过几次变更（即第二管理区—乡—人民公社—乡），至2001年撤乡并镇划归南关镇管辖。

仁义古镇不仅历史悠久，而且具有丰富的文化内涵。归纳起来主要表现在以下几个方面：

一是宗教文化。据了解，仁义镇所在地的仁义村，古时建有各类庙宇17座，现在能叫上名来的有观音庙、龙王庙、罗汉庙、财神庙、

91

仁义古镇文昌阁

吕祖庙、关帝庙、文昌阁、三官楼（亦称三官庙）、老君庙、马王庙、介神庙、玉皇庙、山神庙、河神庙。其他因消失已久，无人知晓它们的名称及遗址。这些庙宇，曾经作为古镇的历史文化符号，不仅反映了当地人们历代的文化信仰，也见证了古镇悠久的人文历史。目下虽多数庙宇已不复存在，但仍然可以聆听到有关它们的一些美丽传说。

二是古道文化。其内涵突出地表现在以下两个方面：

其一为军事。仁义村作为纵贯南北的交通要塞，自古多有战事。有迹可循的是，在村北村南的山头上，至今存有多座烽火台台墩，虽不知它们始建于何年何月，但仍让人联想到古代战乱时，白日狼烟四起，夜晚火光冲天的报警情景；至隋末唐初，隋起义将领之一的刘武周，为与李唐军抗衡争夺天下，便在村东头的山崖上建造起一座森严壁垒的堡寨，俗称"仁义堡"。该堡易守难攻，防御性极强，但最终还是被李世民攻破。如今堡内仅存三孔窑洞，主体构架尚可辨别。抗日战争时期，侵华日军将仁义村设为据点，并在村中正北的山头上筑起一座庞大的堡垒。该堡垒底层与上层均为窑洞，地下设有暗道机关，其四周为平地，脚下皆为悬崖峭壁，若不走山门，很难进入，当地人称之为"碉堡"。然而，在与之对峙的南山山头上，也建有一座山堡，为当时南河八路军游击队的驻地。据说两军交战时期，两座山头的岗哨每到夜间常因抽烟冒火星遭遇对方的冷枪。此二堡的遗迹至今尚存。另外，在村中二里长的石板主街道两头，各建有镇门楼一座，昔日战乱时，为防不测，前后门楼都设有岗哨把守。现在镇北门楼尚存，其上层为三官楼（又称三官庙），楼内曾供奉着天、地、水三官（即上元紫微大帝、中元清虚大帝和下元洞阴大帝）；下层为门洞，高大方正，外门额有明嘉靖二十五年（1546）题书的石刻"仁义镇"三字，其字迹工整，刚劲有力。此门为秦晋古道过往的必经之门，也是战乱时期古镇十分重要的一道关口。

其二为商贸。仁义镇自古商贾云集，商贸活动十分活跃。这是因为拥有古道穿村而过的交通优势，同时也为仁义人从事商业贸易活动提供了先决条件和极大方便。

据了解，在明清时期，由于常年受古道过往商人的影响，镇子上下从事商贸的人一代多于一代。其从商的途径主要有两条：一是外出闯荡发展。据当地人说，出去的都是家庭条件稍好一些的人，他们大都是靠各自的亲朋好友牵线在异地给商家当伙计，主要分布在蒙、京、津、冀、豫、陕、川等地。盘点他们历代的业绩，虽没有闯出一位显赫的晋商大贾，但也有不少人由伙计学成之后，创办起自己的商行商号。值得一提的是，历代商者在与家乡物流的互通有无和密切协作上都发挥了极其重要的作用。二是在镇内经营发展。这部分人不论做何生意，一方面，他们广为结交过路的客商，为其在本地的生意提供各种便利；另一方面，他们与在外经商的村人及乡里亲友结合得十分紧密，特别是在商品货物的流通上，本着"互通有无、广开渠道、互惠互利"的经营之道，使镇内商家的生意都做得风生水起，有声有色。至清乾隆、嘉庆年间，古镇的石板一条街不仅生意兴隆，而且成为南河一带最大的商业贸易交流中心。

据有关资料显示，进入清代，以古镇石板商业一条街为中心的地段，曾开办有驿馆（属官办）、客栈、饭铺、油坊、醋坊、酒坊、染坊、杂货铺、津货铺、首饰行、丝绸行、布市、当铺、肉铺、菜场、镖局、会馆、演艺场、车马店等近百家店铺馆舍，可谓形形色色，应有尽有。此外，每年的农历四月初一和十月初一还设有大型集会。届时街里街外都是贸易场所，其街内，各类铺店、摊点，五花八门，无所不有，街道人流熙来攘往，摩肩接踵，很是热闹。街外，主要是骡马牛羊和农产品交易市场，其氛围与街内一样红火。而且一明显的特点是，在众多生意人中，有很多人来自内蒙古、陕西、河南以及本省的一些县、市。可见其集会的影响之广。再是每次集会期间，都要请戏班来唱戏，到时不论白场还是晚场，村里村外看戏的男女老少场场爆满。这一传统的集会至今没有中断。现在，石板一条街的原有铺面，虽多数被改造，有的甚至失去了原有的风貌，但古风犹存。

三是武术文化。仁义村素有"武术之乡"的美誉。自古以来，生活在这块土地上的人们都喜欢习武练拳。相传，约在元明时期，仁义镇的一家镖局远道请来一位镖师，此人姓冯名吉来，武术功夫十分了得，不仅能轻松飞檐走壁，徒手贴壁而上，还身怀不凡的气功绝技。他来到仁义后，见此地山高沟深，常有盗匪出没，村户人家屡遭不测，更有战事此起彼伏，连续不断。于是，他便一边在镖局当值，一边收徒传授武艺，意在让人们学到防身护村护家的本领。此举一出，得到村人一致赞同，随之，家家户户都把各自的孩子送到冯师傅门下学起武术功夫来。从此，仁义村习武练拳蔚然成风，并波及沿河各村，一直没有中断，而且冯师傅传承下来的战功拳代有高手涌现。至清代以后，仁义一带的武术得以普及并形成当地的乡风，代代相传，至今不绝。据说20世纪八九十年代，仁义村自发组织起来的武术队曾多次代表县、市、省外出参加国家和各地组织的武术竞技表演赛，并获得众多大奖。

四是民俗文化。仁义镇拥有锣鼓秧歌、威风锣鼓、干调秧歌等几大民间文化艺术种类，其中尤以锣鼓秧歌和威风锣鼓最有名气。据说从明清两代起，每逢传统佳节，人们都会自发地组织起来上街表演，延续至今。只可惜曾经盛行一时的干调秧歌由于缺乏传人而没有传承下来。

现在，仁义村辖南坡、任家庄、武家庄3个自然村，有1700余口人。自古以来，该村虽行政区划经历了多次变革，但这里留存下来的一座座名胜古迹，一处处人文遗址，一则则民间传闻，都在展示和讲述着悠悠古镇曾经辉煌的历史。

静升古镇烽火台

　　灵石城东的静升古镇有三座烽火台，分别耸立于帅家山村、椒仲村和原属尹方村所辖的北王中山头。这三座烽火台，至今可以看到周围当年守台报警人员居住过的土窑洞，尤其是椒仲村的烽火台，不仅存有登台的台阶，还有逃离地道的明显遗痕。然而，世事沧桑，尽管这些烽火台已失去原有的风貌，但它们迄今还可以让人联想到古代战乱时期，白日狼烟四起，夜晚火堆冲天的报警情景，更能想到周厉王奔彘、宣王战千亩和幽王烽火戏诸侯的故事。因为他们都与静升这块古老的土地有关。

　　据史书记载，西周时，周厉王暴虐无道，放纵骄横，国人愤愤不平，都公然在大街小巷议论他的过失。辅佐厉王的召公得知这一实情后，便设法劝谏其能有所收敛。不料厉王大怒，遂找来一个卫国的巫师来监视那些议论他的人，巫师不敢怠慢，便发现一个报告一个，而厉王对这些议论国事的人毫不留情，抓一个杀一个，抓两个杀一双，企图以此暴力的手段遏制国人的言论。这样一来，议论的人少了，可是诸侯也不来朝拜了。面对如此情形，厉王不但没有收敛，反而更加严苛，惨无人道。于是"国人莫敢言，道路以目"，终致引发了公元前841年的"国人暴动"，厉王无奈，只得奔彘（今山西霍州市，距离灵石30千米）。共和十四年（前828）厉王死于彘。之后，太子姬静继位，是为周宣王。宣王执政后，吸取父亲的教训，在周公和召公二相的辅佐下，对内实行政治改革，效仿文王、武王、成王、康王的政治遗风，广开言路，积极听取众臣意见，同时宣布"不藉千亩"（宣王之前，每年春耕时节，天子都要举行藉田之礼，但到宣王时，之前集体耕种公田的做法已难以为继，故而宣布废除），由此放宽了对山林川泽的控制，使国力很快得以恢复。对外，由于猃狁不断侵扰，掠夺财物，杀害百姓，宣王一方面派南仲驻兵朔方，加强防守力量，一方面派尹吉甫领兵驻扎京陵城（今平遥古城）而北伐进攻太原。周宣王三十六年（前792）征讨条戎、奔戎惨败。三年后进攻西戎，战于千亩（今介休市南，即灵石县静升、马和一带），并调南国之师秦仲

帅家山烽火台遗址

97

参战，晋穆侯也奉诏伐千亩，结果又遭大败，秦仲被杀……

　　隋朝以前，灵石属介休所辖，又与霍州接壤，难免狼烟四起、烽火连天的战争。至于静升境内的三座烽火台是否亲历了这一切，不得而知，不过至少目睹了此前或此后的一些兵燹战火。

　　据明万历版《灵石县志》记载，明嘉靖二十一年（1542）七月初二，北方鞑靼族俺答部"贼三十骑至县城北乡，抢掠人畜甚众"；隆庆元年（1567）九月十五，俺答部"数千骑夜至灵石，民不为备，镇店村落烧毁房屋数千间，杀掳男妇四千余口"。之后，因"此地（即指静升村一带）通往介休，路极平坦，往年虏易长驱"，静升人便在村东的龙凤岗山头筑起了朝阳堡，以防不测。再说这里距离帅家山烽火台很近，远眺还可以目睹到椒仲村和北王中山巅烽火台的烟火。兵民见烟火，迅捷防备，遇到敌军便立马投入战斗，"足以遏其冲"。据有关资料显示，静升镇的三座烽火台留存至今，明清均有修缮。近几十年来，先后有多位专家学者考察过这三座烽火台，都认为在明清时期有过重大修整。这三处烽火台现在均已被列入当地文化遗址的保护范围。

静升王氏佳城

　　静升王氏佳城位于灵石城东静升镇静升村北的鸣凤塬，是静升村西王氏家族的坟茔。其"佳城"之称谓，源自南朝史学家、文学家沈约的诗句："谁当九原上，郁郁望佳城。"李周翰注："佳城，墓之茔域也。"

　　王氏佳城所处的位置，西为凤凰台，东为栖凤岗，龙脉连接绵山，转而至太行山。据说此坟茔是由静升王氏始祖王实救过的一位风水先生为报答其大恩而精心为王家选定的。茔地，四岭环抱，衔山含水，传说有凤来仪，龙凤呈祥，藏风聚气，方得以积祖德于宝地，阴佑家道中兴而门庭光耀百年。王氏坟茔占地从元代以来历代均有扩增，终至扩展到360余亩。其中入葬者，自始祖王实起，至清末及民国，已达20余代。而且所采用的安葬法，叫梅花旋转法，亦称莲花旋转法。即以始祖墓为中心，将其后世子孙按辈分依次葬于祖墓周围，如同花瓣围绕花蕊四处绽开。在当地可谓独一无二。

　　另外，坟茔内的建筑陈设和所营造的氛围更是不同凡响。整个坟茔，坟丘累累，碑楼林立，松柏参天，间以石人石马，煞是森冷肃穆。

王氏佳城（拍摄于 20 世纪 60 年代初期）

除此之外，坟茔内的西南方向修筑有印台一座，上植柏树一株；坟茔的大门口立有"奉旨恤赠太仆寺卿"的"恤典"青石牌坊一座，铁旗杆一对，并建有专供看坟佣人居住的院落一座，其院内有砖碹窑洞三孔，左右厢房六间（供存放祭品之用）。庞大的坟茔四周，有夯土墙围护。正像一位作家描绘的那样——"森森然佳城一座"。

据说，自元明清以来，王家每年在清明上坟之日，都要举行隆重的祭祀活动。即一早起来，合族老小（不含女眷）成群集队，鼓乐齐鸣，抬着祭品、扛着旗幡，浩浩荡荡会聚于祖茔门前的守茔院内。待人齐后，在祖墓前以辈分次序列队，由礼生（司仪）指引上香烛、献祭品、叩拜、诵读祝文。其祝文为：

　　呜呼！惟我先祖，淳笃温良。相厥攸宅，来居是乡。燕翼宏远，积厚流光。裕我后人，长发其祥。年越四百，派衍五常。硕彼瓜瓞，殷在士商。仰荷先泽，世永徽芳。兹届清明，谨荐烝尝。尔酒既清，尔肴既将。神灵穆穆，来格洋洋。尚飨！

　　叩拜毕，将一杆杆用五色纸剪成的旗幡插于坟头，昭示子孙兴旺，

王氏佳城梅花葬祖茔示意图

后继有人。此坟茔的景况及清明时节族人隆重的祭拜活动，一直保持到 20 世纪 60 年代中期。当时，在四川建立刘文彩地主庄园作为阶级教育基地时，北京曾有人来考察过西王氏家族的坟茔，后因"文化大革命"，坟茔毁坏严重，祭祀活动亦分散从简，一切都再无音讯了。现在，王氏佳城当年的规模气势只能从村里一些老人的口中得知。所幸还有一张 20 世纪 60 年代初期拍摄的全景照片保存在王家大院。

历史遗存

静升九沟民居

在灵石城东静升镇的静升村北，由西至东，有深浅不等的九条沟，而且每条沟内都保存着大量形式多样的古民居宅院。这些沟的名称分别为：富足沟、西沟、东沟、肥家沟、道左沟、阎家沟、孙家沟、十字瓮门沟和杨树沟。九条沟沟沟向北延伸，渐次汇于北山的凤凰台、鸣凤塬、栖凤塬和凤鸣岗一线；向南，又汇达于五里长街，是该村落构成的重要组成部分。其九沟内的民居建筑均为明清遗存。

富足沟

富足沟位于静升村最西头。该沟由南而北，沟道弯曲。其民居依东、西两山梁顺势而建。土窑洞院落居多，大部分为青砖码面；沟底零散分布着一些院落，大都为砖碹窑洞和砖瓦房。这些民居，除几处新建筑外，多数为明清建筑，其中水井、石磨、石碾一应俱全。周围东西山梁灌木丛生，植有松柏。沟的深处断崖绝壁，可谓封锁严密。且在山崖的高处有塌毁而被掩埋的早期土窑洞印记，疑是先民住过的地方。

西沟

西沟位于富足沟以东，与一小山梁之隔的东沟相对而名。该沟狭窄坡陡，宅院均依东、西山梁阶梯式建造，自下而上，砖瓦窑洞和土窑洞相结合；院落围墙，除少数夯土而围外，大都是清代以后补建的砖墙。现存院落多数为明代建筑。其中水井、石碾、石磨设施俱全，且沟前沟后还栽植有不少当地树木。

另外，此沟的东、西山头亦发现过被填埋的早期破损土窑洞痕迹。

东沟

东沟与西沟相对，为九沟中最小的一条沟。沟内有依山而建的几座土窑洞院落及通往凝固堡的石板坡道，但现在已被改作通往旅游景点崇宁堡的大路，左右院落和沟前的一口水井尚存。

肥家沟

肥家沟位于东沟与道左沟，其中的居所创建年代不详。沟前沟后各筑有瓮门一座，东、西分别与钟灵巷、祯明巷为邻，沟前沟后都有水井一口。其民居主要分布在沟中，大都为明清建筑；沟后有为数不多的几座土窑洞院落。此外，该沟通往瓦岗寨和凤凰台的附近，也曾

静升道左沟

历史遗存

发现过早期土窑洞被填埋的印迹。

道左沟

此沟位于恒贞堡与视履堡之间，原名王家沟，因沟的道左有排洪渠沟而名曰"道左沟"。该沟为北出静升通往介休的古道。沟前建有一座瓮门，民居主要分布在沟中坡道两侧；沟后建有三元宫，内有青砖码面的土窑洞，前设宫门，下坡入沟。沟内建筑均为明清遗存，且其中辘轳水井、石磨、石碾设施俱全。

阎家沟

阎家沟位于文庙以东，左邻视履堡，右连三甲楼，因阎姓移民最早居住于此沟而得名。沟内多数为青砖码面的土窑洞院落，有四幢砖木结构的清代院落。其中有水井一口，石碾、石磨今已拆除。据说沟中曾有一株硕大的古槐，民国年间被雷击焚毁。现在沟前已被大面积改造，东侧被辟为通往北山的大路。

孙家沟

孙家沟位于静升村八蜡庙以西，原名铁笼沟，后因孙氏移民于明永乐年间定居于此而更名为孙家沟。据《孙氏族谱》载："吾乡孙氏居地曰孙家沟，地以姓传。"沟内场地宽阔多岔，建有砖木结构院落，设有打谷场、石碾、石磨，且有水井一口，并盖有井亭。院落多依山而建，也有建在沟道左右的。沟后辟有果木园，沟前建有孙氏祠堂。

十字瓮门沟

此沟位于孙家沟与杨树沟之间，因沟前建有十字瓮门，故名。该沟为静升村第二条大沟，占地面积仅次于杨树沟。沟的前半部分，一前一后分别设有仁厚巷和孕秀巷；沟的后半部分，是建造分散而零乱的住宅，靠山皆为青砖码面的土窑洞院落。沟内有深井三口，并盖有井亭，另有石磨、石碾，今已拆除。此外，沿沟中古道上去，在朝阳堡之侧的附近，都曾发现过早期土窑洞被填埋的印记。其中，遗存的个别不知年代的老土窑洞，至今被村民作为羊圈使用。

杨树沟

杨树沟位于静升村最东处，因沟中杨树多且旺盛而得名，为九沟中最大的一条沟。沟深岔多是其主要特点。其民居大都集中分布于沟前朝阳堡脚下和极乐庵南崖下一带。沟内除道旁大大小小的四合院和依山而建的土窑洞院落外，建有中王氏祠堂（即兵宪宗祠）、曹氏祠堂和田氏祠堂，以及养正书塾、魁星楼等，均为清代建筑。此外，沟中水井、石磨、石碾及打谷场等设施一应俱全，沟后杨树依然生长旺盛。

就上述九条沟及其民居而言，基本上可以推断为静升古村落的原始模式。传说早年间静升河谷是一片"沼泽王国"，水患不断，故而人们都是在山上或沟坡掘"穴"而居，条件十分简陋。自有史以来，随着社会文明的进步和人们思想观念的转变，生活在这块土地上的人们对居穴的认识不但有了新的概念和追求，而且在很多方面都有了大的发展。譬如对栖居地的选择，虽仍旧为沟坡地，但他们的思维和做法，与以往的人们有了明显不同。主要表现在，不仅对选址的方向和位置十分讲究，而且对居所的形式、环境、设施等都有了实际而长远的构想。即在掘土成窑后，首先有了依门定向和夯土成院的作为；其次，挖掘水井，建造石碾、石磨，开辟打谷场等生活所需的设施，以及在周边栽植各样树木来净化环境，等等，都说明他们以家园为中心的生存模式已经形成。特别是元明清以后，随着静升河谷环境治理的转变，人们便又有了设立街道和筑堡联巷的远景规划。如果推断不错的话，这便是静升村一路走来的演变发展过程。当然，这仅仅是一个推测而已，还需要专家们对每条沟的历史沿革与内涵作进一步的调查验证。

静升十八巷

静升十八巷是指静升村中的 18 条古老巷子。据有关史料显示，明代中后期至清初，由于连年战乱和盗匪骚扰不断，静升河谷一带的人们为了防御外袭，曾一度筑堡连巷，在各村蔚然成风，其中静升村尤为突出，不仅在村中修筑了八座古堡，还在居民最为集中的五里长街南北两侧，连接了 18 条巷子。这里需要说明的是，北侧的巷子，有的既为沟亦为巷，自古亦沟亦巷并称。它们分别为：里仁巷、西宁巷、文安巷、承明巷、荫槐巷、镇塞巷、拥翠巷、祯明巷、锁瑞巷、钟灵巷、拱秀巷、阎家巷、程家巷、孙家巷、孕秀巷、仁厚巷、田家巷、敬阳巷。

里仁巷

里仁巷即富足沟，位于静升村最西头。此巷由静升张氏家族和西王氏家族合伙创建于明末。巷内院落依东、西两山势而建，一直伸向断崖壁立的沟底，封锁甚为严密。其中水井、石碾、石磨等居民生活所需的各项设施应有尽有。可谓足不出巷便无忧可虑。

据碑文记载，清康熙五十三年（1714），增建三道巷门及围墙；乾隆十三年（1748）五月，维修巷门及围墙；道光二十九年（1849）

静升里仁巷巷门

三月，于临街口增建瓮门楼；同治五年（1866）五月，重修巷内水道并加固围墙。但由于岁月沧桑，风雨剥蚀，以及人为等因素的不可预测，如今巷内除一些宅院及设施仍然保留外，里仁巷已失去了原有的风貌，仅残存一道巷门及瓮门楼南面的一座戏楼（即戏台）。

西宁巷

西宁巷位于里仁巷以东，俗称圐圙。此巷为静升张氏家族于明末所建。其时，张氏家族继荫槐巷建成之后，又扩建了十余座宅院，并将其围成东、西两块，还在临街口建了两道巷门封锁起来。由于巷内东西宅院所围面积大小不一，村里人便将大的叫做大圐圙，小的叫做小圐圙。巷内宅院皆依山而建，其中水井、石碾、石磨一应俱全。此外，巷门东侧的张氏宗祠，与巷门为同一时期所建，而且清代至民国年间多有修缮。可惜宗祠后来被改建，西宁巷也失去了原有的风采。

文安巷

文安巷位于静升村西沟，由张氏族人与异姓移民合伙于清代雍正年间创建。巷内宅院多为土窑洞，皆依东、西山势而掘建。巷道弯曲狭窄，由鹅卵石铺筑。其中水井、石碾、石磨俱全，沟口建有巷门楼一座，额书"文安巷"，门内额镶有石匾"宾旭门"，二层建有"和义楼"，今门楼已毁。巷内宅院均为明清遗存，基本保存完好。

承明巷

承明巷位于文安巷以西的北山腰间。其山的形状有如圈椅一般。据说早在元代以前，村里有一户阎姓家族就于此掘窑建宅，而后有五六户异姓移民，也相继在山腰间掘宅定居下来。至明代，村里筑堡联巷之风盛行，山上住户亦随之合伙，在南面的山谷口建了一座巷门。其中石碾、石磨、打谷场一应俱全；巷门前坡底有水井一口，并盖有井亭；巷门壁上镶嵌有清乾隆年间修葺的碑碣一方。

荫槐巷

荫槐巷俗称张家巷（又称张家槐树底），位于静升村西。据载，明洪武年间，张氏始祖张思义从尧都砂坡头迁居于此，以商立业，掘窑建宅，三代后宅院扩建。后为防御盗匪侵扰，圈围宅院筑巷门。由此，张家槐树底建筑群成为静升村里最早的一条巷子。因门前有槐树，故取名"荫槐巷"。巷内宅院多依山而建，其中水井、石碾、石磨及防卫设施一应俱全，为当时功能较为齐全的一组民居建筑群。可惜荫槐巷历代修缮的记载留存不多，且巷前街道被改造，失去了原有的风貌。

镇塞巷

镇塞巷俗称李家巷，位于静升村西荫槐巷以东。由李氏家族创建，始建年代不详。巷内东面的院落已于2005年拆除，辟为王家大院崇宁堡旅游景点的停车场，巷内西面李氏宗祠及祠后院落尚存，为清代建筑。

拥翠巷

拥翠巷俗称王家巷，位于静升村西，与祯明巷（即蔺家巷）和镇塞巷（即李家巷）左右为邻。元皇庆年间（1312—1313），西王氏始祖王实迁居静升时于此定居。后扩宅建巷，聚族而居，取门前"植槐拥翠"之意，名曰"拥翠巷"。

据考，拥翠巷（王家巷）选址于元代延祐年间（1314—1320），从元代中叶到清代初期，屡有修建；清康熙三年（1664）修筑巷门时，巷内宅院已形成现在之规模。康熙三十四年（1695）发生大地震后，巷门及周围建筑均有不同程度的损毁。乾隆四十八年（1783），重修巷门、照壁及井楼。其巷门（又称瓮门）为二层构造，底层即砖碹拱门，门额镶有"拥翠"题匾；上层为砖木结构阁楼，面阔三间，进深三椽，单出檐硬山顶，后为实墙。此外，出瓮门洞，东墙壁上嵌有清乾隆四十八年（1783）的石碣一方。路南有一块空地，内植槐树一株，

静升祯明巷

旁边曾立有节孝牌坊一座，今已不存。2006 年 9 月，当地政府对年久失修的巷门楼进行了保护修复。

祯明巷

祯明巷俗称蔺家巷，位于静升村西，与拥翠巷和锁瑞巷左右为邻，由蔺氏家族创建，其巷门于清康熙三年（1664）建成。该巷坐北朝南，入门是一条丈余宽的马道，转弯处立有"泰山石敢当"石刻，旁有水井一口。巷内建筑大都为明清遗存，建造精良，古朴典雅，基本保存完好。巷门为二层结构，底层为砖碹门洞，门额嵌有"祯明巷"石匾；二层为砖木结构阁楼，面阔三间，进深三椽，硬歇山顶，设有后窗。巷门内的西侧，建有阎氏宗祠一座。

据考，该巷门清代至民国年间均有修葺，而后由于风雨剥蚀，历久失修，门楼顶部塌毁，2006 年 10 月，当地政府进行了保护修复。

锁瑞巷

锁瑞巷俗称肥家沟，位于静升村西，与钟灵巷、祯明巷左右相邻。原为肥姓一家居住，后肥氏不知去向，随之西王氏入住建宅，并于清康熙四年（1665）三月，增建前后巷门，由此便有了"锁瑞巷"之名，意为前后门一关，自然便将祥瑞之气紧锁于其中；乾隆四十四年（1779），西王氏族人集资对此巷进行了重修。巷内宅院依东、西山梁而建，巷底深处断崖绝壁，掘窑围院。其中多处设有地道，可通往钟灵巷及山头瓦岗寨等处。此外，还在临街的巷门西侧，增建了一座瞭望楼，用以瞭望巷外，取名"广胜楼"。巷内建筑均为明清遗存，基本保存完好。2006 年，当地政府对顶部塌毁的巷门楼和广胜楼进行了全面修复。

钟灵巷

钟灵巷俗称瓮门底，位于拱秀巷与锁瑞巷之间，由西王氏家族于明代创建。据有关资料和碑碣记载，明万历三十三年（1605）创修巷

111

历史遗存

静升钟灵巷巷门

门及井楼。清康熙年间增建围墙,修葺巷门。乾隆三十六年(1771)重修巷门和井楼时,新建厕坑四个。巷内院落大都为明清遗存,基本保存完好。其中建于清乾隆五十七年(1792)的怀永图院,是静升村古民居群中唯一一座建造独特的三层楼院。

该巷为双重巷门,占地面积73.6平方米,南北走向,为两层构造。底层为砖碹门洞,额有"钟灵"题匾;上层建有阁楼,面阔三间,进深四椽,单檐歇山顶。前有石刻护栏,左右楹柱上挂有楹联一副,上联"距介山十里而遥村名旌善",下联"集王氏一家之秀里号钟灵"。上方悬有"钟灵毓秀"木匾。

此外,在巷内的十字路口有槐树一株,巷西有"好善乐施"牌坊一座,后被毁,2006年由当地政府进行了保护修复。

拱秀巷

拱秀巷俗称上坊里,位于静升村腹部,与文庙和孝义祠东、西相邻。由西王氏家族于明代创建。据考,明万历三十六年(1608)修筑巷门,与"节著天朝"石牌坊同时联体建成（即下为砖碹门洞，上为石坊）。清康熙十四年（1675）大修。嘉庆元年（1796）由王氏十五世王睿峰改建。此巷不深但坡度较大，王家有名的宜安院和当铺院（两益当）就建在巷中，并在当铺院上视履堡的坡道口，还建有一座玲珑别致的丁字瓮门楼（今已不存）。巷内院落皆随形就势，巧妙布局，错落有致，均为清代遗存，且基本保存完好。其中宜安院门额还存有一块木匾，上面"光裕"二字，及其内额所作序文，为时任霍州知府蒋荣昌于嘉庆元年所题。可惜巷门及"节著天朝"坊被毁，仅有牌坊的一根石柱立于墙头。

阎家巷

此巷位于文庙东侧，是静升村东以沟成巷最小的一条沟。沟前曾建有巷门一座，现巷内建筑已被全面改造，成为通往北山的大道。

程家巷

程家巷位于孙家巷以西，始建年代不详，由程氏家族创建。传说程氏始祖早在元代以前就定居于此，后来在东、西、北三个方位扩建宅院，至明末清初于临街处设巷门，并以其姓氏取名"程家巷"。巷内除院落之外，辟有一个较大的打谷场，有传闻当年周围植有很多本地树木，其中枣树和杨树居多。此外，在打谷场附近有水井一口，石碾、石磨各一盘。据说，从清嘉庆年间开始，程家代代有人经商，遂先后在临街巷门的东西两侧建起了商铺院。至民国年间，其东面靠街房屋仍为程家经营的杂货铺面，但西面的商铺院，被第二区政府征购，成为当时新成立的灵石县第二区商会分所办公地。可惜巷门于20世纪50年代塌毁，临街商铺院也被改造，失去了原有的风貌。

孙家巷

孙家巷俗称小孙家沟，位于静升八蜡庙西侧，由孙氏家族于明代入居后创建。其巷门设在临街处，巷内住宅多数依山而建，其中有水井亭一座，巷前建有孙氏宗祠。

静升孕秀巷巷门

孕秀巷

孕秀巷位于十字瓮门沟内，此沟藏有两巷，即前为仁厚巷，后为孕秀巷。其创建人和始建年代不详。巷内院落，主要在西侧，坐西朝东，皆依山而建，且南北一线排开；巷北三座院落，坐北朝南，横截沟道，形成自然屏障，且东墙为砖石所筑；巷南建有巷门，防范甚为严密。其中水井、石磨、石碾设施俱全。东墙外有通往北山的大道。

据考，该巷明清时期多有修葺，民国19年（1930）对围墙和巷门进行过一次维修，现存巷门为清代建筑。

仁厚巷

仁厚巷位于十字瓮门沟内的孕秀巷之前，创建人和始建年代不详。该巷东与杨树沟连通，西与孙家沟相邻，与主沟十字交叉。东巷门又称上瓮门，门前有水井一口，门侧建有兵宪祠堂（即中王氏祠堂）。巷内院落多依山而建，土窑洞院落居多；道旁宅院大都为砖木结构房，其多数建筑均为清代遗存，且基本保存完好。

田家巷

田家巷位于静升村东，该巷由田氏家族创建，始建年代不详。巷门设于临东大街处，巷内宅院粗犷简洁，古风犹存，其中有一处宅院，存有清道光四年（1824）本村举人王履谦为其题书的"天休滋至"门匾。巷中有水井一口，石碾、石磨今已拆除。此外，在东北处还建有一巷门（俗称下瓮门），门侧建有田氏宗祠，今已不存。

敬阳巷

敬阳巷位于静升村最东面，俗称东圪塔。据载，村中东王氏始祖王彦文于元代迁入后便定居于此，后联宅成巷，取名"敬阳"。"敬"是敬肃，警戒，不怠慢之意。"阳"在《榖梁传·僖公二十八年》中曰："水北为阳，山南为阳。"而东圪塔就在北山栖凤塬的南坡、村南小水河的北岸。故而设巷"敬阳"，意在保家、护村、警戒而不敢怠慢也。巷内院落整齐有序，水井、石磨、石碾设施齐全。巷前分别建有东王氏宗祠、养正书塾和魁星楼，瓮门上建有观音菩萨楼。

据碑文记载，清咸丰十年（1860）、同治三年（1864），以及民国年间东王氏族人对敬阳巷门楼都进行过修葺。21世纪初，东王氏后人又对其巷前宗祠进行了修复。可惜巷内水井和养正书塾、魁星楼两建筑均已被毁无存。

纵观这些巷子，因地制宜，巧妙连缀，功能齐全，布局有致。有的蛰伏于九沟之内，有的深藏于八堡之间，还有的卧躺于小水河畔，填补了九沟八堡之间隙，成为静升村古民居群中不可忽视的一大特色。

历史遗存

静升八堡

　　静升村是晋中市最大的村舍，也是全国历史文化名镇静升古镇的所在地。该村不仅拥有前面介绍的九沟和十八巷民居群落，还有明清时期建造的八座古堡。它们分别为：朝阳堡、恒泰堡、凝固堡、崇宁堡、恒贞堡、拱极堡、和义堡、视履堡。其中除朝阳堡、恒泰堡、凝固堡毁损较为严重外，其他均基本保存完好。这些古堡也同样为该村落的重要组成部分，而且具有较高的历史价值和文化品位。

朝阳堡

　　此堡位于静升村东杨树沟与十字瓮门沟之间的山梁之巅。早期叫静升堡，后因地处村东，故而俗称"东堡子"。该堡由静升中王氏于明正德之后创建，是静升村最早的建筑，有"先有朝阳堡，后有静升村"之说。

　　朝阳堡坐北朝南，依山而建，总占地面积1万多平方米。堡门上留有砖刻"朝阳"二字，落款为"顺治十年重建"。堡内现存院落十余座，均为明清建筑。另有水井一口。此外，堡门外的路侧有石碾、石磨各一盘，南面还有清乾隆四十七年（1782）九月所建的戏台一座。

据考，清乾隆四十九年（1784），堡内主事王国辅曾倡议堡内居民集资整饬过一次。有记载曰："堡墙四面俱加整饬，而门外补石坡三截"。之后，再无修缮记载。可惜堡内现存的院落等建筑，因年久失修，皆破烂不堪，失去了原有的风貌。

恒泰堡

恒泰堡俗称白坂足，位于静升村西关帝庙身后的山梁之上，由村中张氏家族于明万历年间所建。因该堡曾有门匾曰"恒泰"，故名。可惜今已不存，亦无任何可考的史料，只留有几处简陋的宅院。

凝固堡

凝固堡俗称小堡子，位于静升村西肥家沟与东沟之间的山梁上。由静升西王氏家族于明万历年间所建。该堡占地面积8000平方米，分上下两堡，呈不规则形状。上堡居于下堡之内，形成"回"字造型。其上堡的四周，悬崖峭壁，高约数丈，顶端夯土围墙，堡门分别设于东、南及西南三个方位，可惜现在唯东门残存，且门额"凝固"石匾尚在。

117

历史遗存

静升凝固堡堡门

坡下有专供看堡人居住的阁舍院和车马院等建筑。

据记载，清康熙四十八年（1709），西王氏十五世王寅德（时为候选州同）独家出资，对多处毁损的上堡子进行了大修。乾隆十三年（1748），西王氏族人合资在上堡的坡下扩建了下堡子。据说下堡除堡墙高筑外，堡内建有大小七八座宅院，还增建了一座土派（西王氏族分有"金、木、水、火、土"五派）祠堂于内。至此，凝固堡历经明清两代修建，上下两个堡合二为一，"凝"而"固"之，创立了"堡中有堡"的独特布局。有记载曰，明崇祯十七年（1644），李自成义军"犯阙"，明皇室辅国中尉从霍州封地逃亡到静升时，就藏匿于凝固堡内。只可惜，在历史的沧桑中，凝固堡破损严重，失去了原有的风貌。

崇宁堡

崇宁堡俗称西堡子，位于静升村西部与凝固堡同属一道山梁的最高处。据《创建崇宁堡碑记》载，清雍正二年（1724），西王氏家族十五世监生王宪云与十六世中宪大夫王文焕，为族人的安身而虑，遂倡议在村西建堡，以御侮防患，族人纷纷响应，并于当年动工，至雍正六年（1728）堡门建成。

据说，崇宁堡的造型为"虎卧西阙"。寓意猛虎盘踞，威慑四方，可护佑举族安宁。其方位坐北朝南，负阴抱阳，为一组全封闭的城堡式建筑群。总占地面积 3.5 万平方米，整体呈长方形状，堡墙高筑，森严壁垒。堡内共有院落 32 座，房屋 960 间，皆为多进式四合院落。南堡门内壁的两侧，有大小不等的藏兵洞 6 孔，东堡门内壁的北段，有藏兵洞 15 孔，且南堡门外和东堡门内各建有大型影壁一座。另外，以南北主道为中轴，北堡墙高处建有真武阁，对应的南堡门上，建有木结构硬歇山顶门楼。

碑载，清嘉庆十三年（1808），族人集资，对堡墙进行过一次大范围补修。清末，堡墙和堡内院落多有坍塌，加之后来的战乱与浩劫不断，损毁更甚。2004 年 5 月至 2005 年 8 月，由本县张维勤、吴靖宇两位民营企业家先后出资进行全面修复，使濒于毁灭的崇宁堡重现了昔日的风采。时下作为王家大院旅游景区的一个组成部分，已被开发为集"吃、住、游、玩"于一体的旅游景点，每天接待着四方游客。

静升崇宁堡堡门

恒贞堡

恒贞堡位于静升村中部道左沟和肥家沟之间的山梁上，与崇宁堡一沟之隔。由西王氏十五世族人历时 54 年，于清乾隆四年至乾隆五十八年（1739—1793）所建。该堡坐北面南，依山就势，随形生变，居高临下，亦为一组全封闭的城堡式建筑群，总占地面积 2.5 万平方米。堡墙南北长 180 米，东西宽 139 米，最高处达 28 米。堡内南北中央，有一条鹅卵石砌成的通道（亦称主道），院落由低而高分为四甲，一至三甲的东西，各有 3 座多进式的院落。四甲为别具一格的"前园后院"式花园。由于四甲与一甲的落差较大，人们又称其为"空中花园"。堡内共有大小院落 88 幢，房屋 776 间。

恒贞堡，又名红门堡，说起这个名称的来历还有一则趣闻。相传恒贞堡内的"平为福"院建成后，院主人为升官有望，便听信谗言将大门油漆为红色，不料消息走漏惹得朝廷大怒。所幸王家朝中有人，提前快马加鞭传信回来，随即将红色改为绿色，方才免去一场祸患。从此，恒贞堡便有了红门堡的俗称至今。

恒贞堡的整体建筑，隐一个"王"字在内，又附会着"龙"的造型。据说南堡门楼是"龙首"；底甲东西对称的两口水井是"龙眼"；中间用鹅卵石砌成的主道为"龙身"；东西各甲巷道乃"龙爪"；北堡墙的中间有一株柏树（今已不存）是"龙尾"。多少年来，这一富有吉祥意味和传奇色彩的造型，一直吸引着人们纷纷前来观赏。

据有关资料显示，恒贞堡自建成以后，历代均有修葺。清末，随着王氏家族的衰落，开始有异姓入住村中。其时，四周堡墙多有塌毁。日本侵华时期，又曾遭到过日军的火烧和炮弹袭击，致堡墙大面积损毁，堡内西北角的一部分房屋被烧。至今多处院落的墙壁上仍留存有弹孔。1949 年以后，堡内的房屋几乎都分给了村中的贫下中农居住。至 1998 年，灵石县人民政府以"修旧如旧"的原则全面修复后对外开放。2006 年 5 月，恒贞堡以其深厚的文化底蕴和高超的建筑艺术，并作为

静升恒贞堡堡门

静升拱极堡堡门

王家大院的重要组成部分之一，与相邻的视履堡一并，被列为全国重点文物保护单位；同年12月，又被列入《中国世界文化遗产预备名单》。

拱极堡

此堡位于静升村南的小河畔一带，因门额有匾曰"拱极"，故名。又因所处地理位置在村南，俗称下南堡。该堡由静升西王氏十六世族人于乾隆十四年至十八年（1749—1753）所建。总占地面积11988平方米。其建筑规制，亦为全封闭的城堡式建筑群。

该堡坐北朝南，堡墙四围，据说其造型为一只"麒麟"，象征"麟吐玉书"之意。堡内共有三进套院12座，由北而南，分三个甲次整齐排列。堡门设于北堡墙中央，对面有一座影壁。入门是1丈（1丈合3.33米）宽的马道，两侧有通向各院落的分巷。巷道宽度，除南墙根底一巷为丈余外，均为9尺（1尺合0.33米）。此外，堡内东有一盘石碾，西有一口水井。

据《王氏族谱》记载，拱极堡历代均有修葺，至道光二十九年（1849），进行过一次大的整饬。而后，由于年久失修，堡墙自然坍塌多处，加之经历过几次战火，故而未能保存下来。现在，东堡墙还留有大片破损的土围，底部砖石根基尚在。堡内院落房屋虽有一些零星改造，但原主体建筑仍占到很大比重。目前已被列入古镇保护修复规划中。

和义堡

静升和义堡堡门

和义堡俗称东南堡，位于静升村东南方向的平滩地。由静升西王氏族十六世王廷璋等倡议族人及其亲戚合伙而建。因出资建堡者除多数族人外，还有亲戚张、杨、赵、祁、郑等异姓，故取名和义堡。

该堡总占地面积4.97万平方米，为静升八堡中最大的一组建筑群。据说其造型隐一只"龟"在内，寓有合堡安稳长久之意。堡内共有套院50座，布局呈龟背纹形，错落排列，合理有序，且巷道纵横，均通堡门。其中在北、西、南三个方位凿有四口水井（南两口）。整个堡内设西门一座，为二层建制。下层为砖碹门洞，门额嵌有"和义"石匾，入门内壁的两侧刻有楹联一副：上联为"和气极东南斗子魁利开胜地"，下联为"义取争磊礼行人讲让乐光天"。二层建有无梁式砖碹窑洞一间，名曰"药王阁"，内塑唐医学大师孙思邈像一尊。堡门外建有重门瓮城，高同堡门，顶层建有战棚，门开侧面，属防卫重地。此外，在和义堡的东面有三块地，分别叫"尧车地""舜随地""禹亦地"，传说是尧当年亲临部落考察舜时停车的地方，也是大禹"打开灵石口，空出晋阳湖"之前多次巡视水情歇过脚的地方。后来，文人们又将"尧车地"与和义堡联系起来，抛出了"龟拉尧车"之说。即：堡门外瓮城为龟头，四角楼乃龟足，堡内巷道为龟纹，寓意天下太平，长治久安。

历史遗存

据史载，清嘉庆、道光年间曾有过几次大的修葺。20世纪30年代末，和义堡被日军设为据点，并筑炮楼于堡墙四角，之后日军溃逃时，将堡墙炸毁。现在周围墙基及部分土围（回填积土）尚存。堡内的院落与房屋，除一部分被拆毁和改造外，多数为原有建筑。目前已被列入古镇保护修复规划中。

视履堡

视履堡俗称高家崖堡，位于道左沟与阎家沟之间的山梁上。由静升西王氏十七世王汝聪和王汝成兄弟俩于清嘉庆元年至嘉庆十六年（1796—1811）创建，是西王氏家族所建的最后一组大型建筑群。

视履堡是一座形状不规则且全封闭的城堡式建筑群。据说其造型为一只正在腾飞的"凤"。即：南堡门与里面对应的垂花门是"凤头"；东面相连的两幢长工院和西面的书院、花院为"凤翼"；中央由低而高连体的院落乃"凤身"；最高处由东而西排列的三幢围院是开屏的"凤尾"。而且它的身后是建在鸣凤塬上的"佳城"（祖坟），寓意祖德及堡内历代子孙如同金凤凰一样展翅飞翔。

该堡依山而建，随形生变，居高临下，总占地面积19572平方米，有大小院落35座，房屋342间。其建筑特色兼融南北情调，既有北方建筑的雄浑气势，又有南方建筑的玲珑秀美；其建筑布局，层楼叠院，错落有致，基本上继承了我国西周时期即以形成的前堂后寝的庭院风格。其建筑艺术，除窑楼构造的巧妙组合外，尤以随处可见的三雕（砖雕、木雕、石雕）艺术品为最，且题材广泛，内容丰富，技法考究，集中体现了清代典型的"纤细繁密"的艺术风格，具有很高的文化品位。

视履堡内的两主院，均为多进式四合院，两院都有高高在上的祭祖堂和两厢的绣楼，还有各自的厨院、塾院，并有共同的书院、花院、长工院、围院（家丁院）。周边墙院紧围，东西南北四门因地制宜。大小院落既珠联璧合，又独立成章。其或隐或现，多种多样的门户，给人以院内有院，门里有门的迷宫式感觉。仅前后左右上下相同相似

静升视履堡堡门

的院门就有65道之多。特别是各院厅堂及居室的建制，严格体现了"尊卑分等，贵贱分级，上下有序，长幼有伦，内外有别"的封建礼制格局。这是当代国内所存古建筑群中不多见的一个特例。

　　据史料记载，视履堡历代均有修葺，也是清代以来西王氏家族六座堡中保存最为完好的一组建筑群。1996年，灵石县人民政府开始全面修复，于1997年对外开放。2006年5月，作为王家大院的重要组成部分之一，与相邻的恒贞堡一并被列为"全国重点文物保护单位"，同年12月又被列入《中国世界文化遗产预备名单》。

历史遗存

旌介古堡

在灵石城东静升镇东部的旌介村中，有建于明清时期的五座古堡，它们分别为：永盛堡、西宁堡、当中堡、坡子堡、仁和堡。现在除坡子堡消失外，其他遗迹尚存，古风犹在。

永盛堡

永盛堡位于旌介村关帝庙西北处，创建于明崇祯六年（1633）。据载，明时"流寇入其境界，杀人如麻，血流漂杵，妻子已掠，牲畜尽无，屋室烧毁，田园荒芜。有张元科、张希令等各输资财联合创建"。该堡坐北朝南，占地面积4000平方米，四周围墙夯土而筑，高达6米，南向建有砖碹堡门一座。堡内共有六座院落，水井一口，石碾一盘。据考，此堡于明清时期多有修葺。民国以后，堡墙自然坍塌，但院落房屋多数尚存。

西宁堡

西宁堡俗称西堡子，位于旌介村西。该堡始建于明末，坐北朝南，占地面积约1.2万平方米，是村中圈地最大的一座古堡。其堡墙夯土而筑，高达6米。堡内共有院落十余座，有石碾、石磨各一盘，水井

一口，北面空地设有打谷场。东、南各设堡门一座。其南堡门今已塌毁，东堡门为二层结构，底层为砖碹门洞，额有"迎紫气"题匾，二层为三檩穿廊式砖木结构房，面阔三间，进深一间，设拱形窗。

据考，此堡明清时多有修缮。民国16年（1927），居民张珍堂捐资重修过一次。有记载曰："上覆以楼，以便瞭望，旁筑阍舍，以司启闭，于是管钥严而居民可高枕无忧矣。"现堡墙残缺不全，院落除部分塌毁外，其余多有改造，但古风犹存。

当中堡

当中堡位于旌介村西宁堡与永盛堡之间，其堡名亦由此而得。

该堡创建于明末，坐北朝南，占地6500平方米，四周筑有6米土围高墙，堡门设于南向。堡内正北有多进式院落三座。东西两侧建有花园、场院和一座宅院。此外，各座宅院均建有地下窑洞，为避难和藏物之用。

据说清时堡墙四周大修补过一次。民国年间，堡墙和堡内宅院小修小补不断。现在堡墙已毁，根基尚在，院落、房屋遗风犹在。

坡子堡

该堡位于旌介村以东，因所处地形在斜坡上而得名，创建年代不详。据说堡主为范氏，早在金代便已入住该村。至于何时建堡，堡内的原有状况及发展变化如何，既无记载，亦无人知情。现仅存有一个偌大的土墩。

仁和堡

仁和堡俗称东堡子，位于旌介村以东高家圪垯的旌介遗址西侧，由石氏家族于清康熙四十七年（1708）创建，为旌介村第二大古堡。

该堡坐北朝南，占地面积7300平方米。其堡墙夯土而筑，曾高达6米，四周还围有4米见方的土墩，坚固无比。堡内原有大小不等的四合院落九座，现仅存四座，另有水井一口。堡门设于南面，为二层结构，底层为砖碹门洞；二层为三檩穿廊式木构房屋，今已不存。

旌介仁和堡堡门

据考，该堡历代均有修葺，民国以后，堡墙大面积自然坍塌，堡内院落、房屋塌毁过半，居民多数移居堡外，现堡内所存院落、房屋破破烂烂，有的已被改造，仅有三四户居民。

历史遗存

集广古堡

集广古堡位于灵石城东静升镇东部的集广村中。该村东与旌介村隔道相望，西距静升村百米之遥。所处地势东高西低，北岭南川，负阴抱阳，依山傍水，与旌介村同为龙山文化堆积的核心地带。村中分布着两座古堡，分别叫杨家堡和望岭堡，均为明清遗存。

杨家堡

杨家堡原名集广堡，位于集广村的东北岭上，据史料记载，该堡创建于明崇祯八年（1635），由村中耆老何天明、张国本等人筹资所建。后因堡内住户多为杨姓而名杨家堡。

该堡坐北面南，占地面积9000多平方米，四周堡墙夯土而筑，呈"凸"字造型，由内、外堡两部分组成。上部分居北为内堡，俗称"堡子"；下部分居南为外堡，俗称"栅子"。两堡之间有一门相通，即此门为内堡的正南门，亦是外堡通向内堡的唯一入口。外堡北墙的东西两边，各设堡门一座，与内堡的南门呈"品"字形制，皆通往堡外，村里人分别称"东栅门""西栅门"。据说两堡内原有院落多座，水井、石磨、石碾等生活生产设施一应俱全，且植有很多树木。其中外堡内靠水井旁有一株硕大的槐树，今已不存。

据考，至清顺治六年（1649），该堡因风雨剥蚀，堡墙多处裂缝滑落，有村人耆宾杨起麟、生员何其睿等25人集资进行过一次大面积的加固修缮。有记载曰："复增东西悬楼二间，门楼三楹，栅外迭台二座，坚壁固守，始终无怠。"之后再无修茸记载。现堡墙塌毁，原始院落、房屋所剩无几。

望岭堡

此堡位于集广村以北的山丘之上，由村中杨氏家族于清乾隆年间创建。堡内有院落三座，水井一口，石碾、石磨已拆除不存。其原始占地面积及堡墙、院落、房屋等状况不详。

据零星资料可知，道光二十五年（1845）时，堡墙多处滑落倒塌，有纠首杨喜望等人募银补修过一次。至民国12年（1923），由于历久未修，堡墙几乎全部塌毁。所幸有杨德鸿、杨清禄等热心公益者，募化银洋，重筑围墙，改修门楼，增建门房，使其焕然一新。而后再无修缮记录。现堡墙塌毁，所存院落、房屋也多被改造。

历史遗存

尹方古堡

尹方古堡位于灵石城东静升镇西部的尹方村中,该村东与静升村相邻,西与苏溪村隔溪相望,背山面水,田园环绕。相传商代中叶,国君盘庚路经此地,看到周围树木成林,禾苗茁壮,河水清澈,男耕女织,老幼皆乐,遂称赞当地官吏"尹尔多方",意在为官一任造福一方,因此取村名为"尹方"。其村中有建于明清时期的四座古堡,分别为尹障堡、翟家堡、祁家堡、新堡子。现在各堡虽已破落不堪,但古风尚在。

尹障堡

尹障堡俗称旧堡子,位于尹方村西,始建于明代。该堡四周悬崖峭壁,处境险峻。古人有"十里长溪五尺天""一线路从溪上转"和"赤壁景差肖"之形容。

该堡坐北朝南,占地面积 3.3 万平方米,早年堡墙高达 7 米,除南墙为砖砌外,皆为夯土而筑。堡内原始院落和房屋,仅存东北角制高点的一排窑楼,其底层为六孔窑洞,二层为砖木结构瓦房。另有石磨、石碾各一盘,水井一口。此外,设于南墙的堡门尚在,为二层结构,底层为砖碹门洞，门额镶有"尹障"青石匾一方；二层为木构阁楼，内供白衣菩萨，今已不存。

据考，该堡清代至民国年间均有修葺。1938年日军侵华时，堡墙被炸毁大半，堡内房屋多数被烧毁，村民随之纷纷移居堡外。现堡内所剩房屋仍居住着村民，可惜堡墙全部被毁，只留下堡门的断壁残垣。

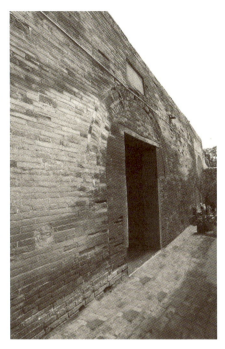

尹障堡堡门

翟家堡

翟家堡位于尹方村正北，由尹方村翟氏家族于清代创建。该堡坐北朝南，占地面积3600平方米。其堡墙东、西、北三面为夯土而筑，曾高达8米，南面为6米砖墙，堡门开设在西南角方位。堡内共有院落五座，分别为北面三座，南面两座。其中南面的西院为书房院，历代一直无人居住过，传说此院有仙气，每到夜里午时，常有白须仙道于此挥毫书画，主人因此而心存顾虑，平日只是在书房院里存放东西而不入住。不过这只是一则传闻而已。据了解，该堡在清时翟家代代均有修葺。至民国以后，堡墙开始自然坍塌。现所剩院落房屋仍有人居住，均为清代遗存。

祁家堡

祁家堡位于尹方村西，为祁氏家族于清乾隆十七年（1752）创建。该堡坐北朝南，占地面积4800平方米。堡墙为夯土而筑，曾高达7米。堡内有清代开掘并建造的土窑洞院落四座，水井一口，另有大片空地，据说是祁家当年的果园。堡门设于南墙，为二层构造，底层为砖碹门洞，门额镶有"环山带水"石匾；二层为砖木结构阁楼，面阔、进深均一间，

133

三檩穿廊式。内供子孙娘娘塑像，今已不存。据说旧时每月的农历初一和十五，附近的村民都来朝拜。现门窗已被毁坏，阁楼亦濒于坍塌。

据考，该堡于清时多有修葺，民国以后，堡墙自然塌毁。现堡内土窑洞及堡门楼残迹尚存。

新堡子

新堡子位于尹方村西，创建年代和创建人不详。据说堡墙曾高筑12米。其堡内的原始状况，查无记载，现仅存有残缺不全的堡墙和几座破落的宅院。

苏溪古堡

苏溪古堡位于灵石城东静升镇西部的苏溪村中，该村东与尹方村隔溪相望，西与翠峰镇的延安村土地相连，北依黄土山丘，南傍静升河流，是全国重点文物保护单位资寿寺的所在地。其村中存有两座残缺不全的明清古堡，分别叫做小堡子和大堡子。

小堡子

小堡子位于苏溪村北半山腰间，为明代所建，创建人不详。该堡坐北朝南，占地面积约 1.3 万平方米。其背靠崖壁，西临深沟，南为数丈高的垓崖，东面筑有堡墙。堡内沟崖之上（即西面）有窑洞五孔，院宽仅 1 米有余，为守护堡子人员居住；东有书院一座，院内正窑三孔，东西建有廊庑；堡内以南有东西通道，靠北依次建有六座院落。堡门设在东北角，下有坡道可入堡。据说此堡明清时多有修缮，现在虽院落房屋皆已破损，但原貌可辨。

大堡子

大堡子又名富贵堡，位于小堡子北山之上，为明代翟氏家族所创建。该堡坐北朝南，占地面积约 1.5 万平方米。四周堡墙夯土而筑，堡内有院落十余座，皆顺山势而建；其间有一地道，可通往小堡子内。堡门设在南面，门洞之上建有关公阁（亦称关帝庙），今已不存。据说明清时多有修缮，现仅有部分堡墙和几孔塌落的窑洞尚存。

夏门古堡

夏门古堡位于灵石县城西南 10 千米处的夏门镇夏门村，由夏门梁氏家族于明万历中期（16 世纪 90 年代）始建，至清光绪中期（19世纪 90 年代）建成，历时 300 余年。总占地面积近 10 万平方米，为全封闭的城堡式建筑群。

该堡坐西朝东，背依秦王岭的龙头岗，面向巍峨高峻的韩信岭，脚下自北而来的滔滔汾水，绕身边转了三个弯，缓缓向西南流去。此三道弯自古称为"三湾口"。传说这里是当年大禹开山放水的地方，有"打开三湾口，空出晋阳湖"之说。后来这里有了村庄，也因此取名"夏门"。至于梁氏古堡于此选址建堡，不知是否还有别的深意，但确是一处依山傍水宜人宜居的好处所。

整座古堡建在一块偌大的天然石坡之上，且堡内建筑因地制宜，层层梯升，用尽了天工赋予的自然优势。然而，更值得一提的是，该堡在几百年的历史长河中，虽各类建筑被风雨剥蚀得满目疮痍，但基本保持了原有堡墙、堡门、巷道和院落的建筑格局。

据统计，堡内现存有大小院落 60 余座，主要有大夫第、御史府、

夏门古堡内巷道

知府院、深秀宅及后堡门外的道台院、百尺楼、关帝庙等。其院落大都为四合院落，二进和三进居多。且院院相环，门门相扣，结构严谨，层楼叠阁，既珠联璧合，又独立成章。其整体建筑布局，由"三街一道五巷"构成。"三街"即东西走向的东街、中街、西街；"一道"为后堡门通道；"五巷"为街道内所含的堡九巷、梁家巷、大夫巷、御史巷、天九巷。此外，在街巷与院落下面还设有通向堡外的暗道，主要用于躲避战乱。

除此之外，堡内堡外还存有祖庙宗祠遗址8处，关驿和逆旅各1处，街道面铺5处，私塾院3处（其中1处为竹林书院，建在县城，即原灵石老城内第一小学的前身，今已改建），牌坊遗址3处，真武庙、三官庙、河神庙、文昌庙、魁星楼、文峰塔等遗址各1处。

纵观夏门古堡建筑群，其总的特点是，依山就势，随形生变，气势雄浑，居高临下，层楼叠院，错落有致，功能齐全，造型独特，既有我国北方民居建筑的雄浑气势，又不乏南方园林建筑的玲珑秀雅，

137

历史遗存

夏门古堡内院落

且集儒道佛文化、民俗文化、建筑文化、装饰文化等于一体，具有较高的历史文化价值。

　　据考，该堡历代均有修葺，可惜至民国以后，许多建筑毁于战乱和人为破坏，但主体框架基本完整。1994 年被列为县级重点文物保护单位，2016 年又被列为省级重点文物保护单位。

董家岭古村落

　　董家岭古村落位于灵石县城西南20千米处的丘陵地带，属南关镇所辖。地理坐标东经111°37′，北纬36°42′，东与毛家岭村隔沟相望，西与王禹乡土地相连，南与南岭村毗连，北与东庄村接壤。2009年以来，该村以其保存较为完好的明清民居建筑群落，先后被列为晋中市重点文物保护单位、山西省历史文化名村和国家级文化古村落。

　　该村历史悠久，文化底蕴深厚。相传，北宋太宗年间，八贤王赵德芳代宋王赴辽国"鸿门宴"被困后，杨六郎勇猛救驾的故事就与此地有关。据村人讲，当时为了纪念这件事，曾在村里的庙内立过一通石碑，但因年代久远，碑已不知去向。现在杨六郎在此用过的拴马桩及饮马泉尚在，且晋剧《辕门斩子》及豫剧《董家岭赴宴》中均有这段历史的唱词。以此推断，北宋时期这里就已有村庄了。

　　该村现存明清院落49座，占地10168平方米。其整个村庄依山建在一个半山坡上，院落以村中九龙古槐、泊池、文笔塔为中轴线，自上而下分布在左右两侧。其左边有九层院落，右边有五层院落，寓

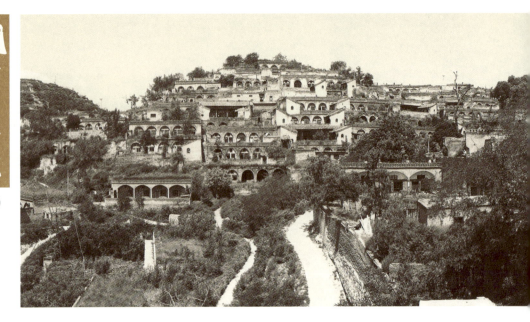

意"九五之尊"。据说在清康、乾、嘉兴盛时期,村中的各类设施完备,功能齐全,开设有银楼、戏院、当铺、镖局、店铺以及宰牲院、豆腐院、油坊院、磨坊院、木工院等,被誉为"农商之乡"而远近闻名。坊间还有"爬上董家岭的坡,掌柜子比毛驴多"之说。

据考,清康熙年间,村中有赵氏三大家族五个堂口,至乾隆和嘉庆年间,以"永和堂"为代表的赵氏一族,已成为灵石境内颇有名气的八小家之一,而且该家族在村中建造的院落也占比最大。

除此之外,值得一提的是,村中那棵近400岁高龄的古槐,因其有九个分支,故称"九龙槐"。据说在中华人民共和国成立以前,每年正月十三至十七,由赵氏家族统领村人在树下摆放365盏油灯,同时点燃,并要求家户天天给油灯添油,以保证日夜灯火不熄。意在让九龙槐保佑全村人一年365天的日子过得红红火火。现在尽管取消了点油灯的旧俗,但九龙槐依然是村中的一大文化标志,对研究该村落的文化习俗有着重要意义。

纵观该村落的古民居,依山就势,层层叠叠,错落有致。入村观览,

院落之间由台阶、小巷、地道沟通，但各自又独为一体。其整体布局巧中有奇，组合自然得体。院落造型看似雷同，却又同中有异。尤其是各院落的文化内涵与砖、木、石三雕艺术，具有浓郁的地域文化特色。

现在，村中除部分院落损毁较为严重外，大都保存完好。据悉，2015 年，该村与本县企业联合成立了"灵石董家岭古村落保护开发有限公司"，目前，在县乡两级党委政府的大力支持下，已完成规划、立项、评估、科研报告等相关手续，即将投入全面保护性开发。

历史遗存

冷泉古村落

　　冷泉村，又名冷泉寨、冷泉堡，位于灵石县两渡镇东北部，距县城 16 千米，处灵石、介休、孝义三县（市）交界地。地理坐标东经 111° 48′，北纬 36° 58′。东靠太行山，西望吕梁山，南与两渡镇贺家庄村毗邻，北与介休市义棠镇接壤。因村后有一眼泉水，夏天凉之入骨，故取名"冷泉村"。2009 年以来，该村以其悠久的历史和深厚的文化底蕴，先后被列为山西省历史文化名村和第五批中国历史文化名村。

　　据史料记载，冷泉村源于冷泉寨。该寨始建于明嘉靖十九年（1540），至嘉靖二十年（1541）落成；嘉靖二十一年（1542），创修寨墙及门楼；嘉靖二十二年（1543），寨内掘水井一口；嘉靖三十七年（1558），改修门楼，内供武安王画像；清康熙二十九年（1690），寨内增建乐楼（即戏台）；雍正十二年（1734），重修门楼；乾隆三十九年（1774），修葺寨墙；乾隆五十八年（1793），装修门楼内神龛，铸老君爷、蚜蚄爷、土地爷三尊铁塑像，供奉于内；乾隆五十九年（1794），改建乐楼，并在其上增建文昌阁，内供文昌帝君、

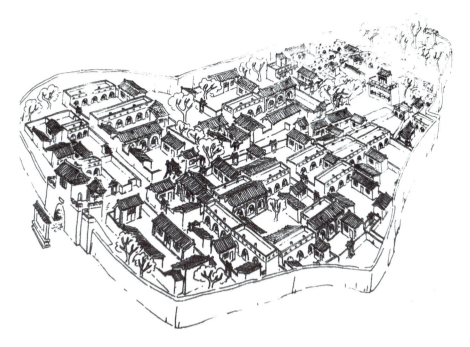

魁星及倒坐观音塑像；嘉庆三年（1798），居民集资修缮堡寨；嘉庆
八年（1803）再次修葺堡寨，而后再无修缮记录。寨内现存院落均为
明清建筑。

　　冷泉寨，坐东北向西南，内有院落40余座，总占地面积25000
平方米，为全封闭的城堡式建筑群。其整个建筑依山就势，地形险峻，
易守难攻。堡寨前后设门，前门为两层构造，底层为砖砌拱形门洞，
门前有照壁，门额镶有石匾"永安"二字，两侧曾有民国年间补白的
一副楹联：上联为"日丽峰高千嶂绵山腾虎豹"，下联为"风和浪涌
一湾汾水起蛟龙"，今已不存。二层为砖木结构，正面建有阁楼，面
阔三间，进深四椽，五檩前廊式构架；两侧设有四角亭，为钟、鼓亭。
进入堡寨，迎面是一条宽约4米、长200余米的青石板主街道，呈斜
坡状直线延伸，通往堡寨后门。后门为随墙门，上建有关帝祠。主街

143

历史遗存

冷泉寨门楼

前门西侧，立有一座木牌坊，正额匾书"云中师范"，背额匾书"文官射斗"。所有院落，包括学堂、商铺、宗祠等，都分布在主街两侧的六条横巷里，其巷道长 30 米至 70 米不等，宽 1.5 米左右。寨内整个建筑由"一街六巷"构成。据说其造型如一只蓄势待发的蝎子。即纵向街道为蝎子的身躯，左右各有三条巷子，为蝎子的腿，因此当地人又称其为"蝎子村"和"蝎子堡"。

该堡寨总的特点，一是选址独特，集防御与传统民居于一体，凸显了特定历史时期以防御为主的建筑定位。二是布局合理，院落间多采用"丁"字形和回廊式，使院落既相互连通，又独立成章，且设施完备，功能齐全，体现了明清时期"大家庭"的建筑思想。三是形式考究，院落以二进和三进为主，窑洞建筑居多，其中二层建筑，采用底层为窑洞，二层为梁架式木结构房，构成了典型合理的梁柱式木结构建筑与砖石窑洞式建筑相结合的建筑形式，体现了我国北方民居"坚固、实用、美观"的建筑特点。四是内涵丰富，堡寨整体建筑融儒道

冷泉寨巷道

佛文化、建筑文化与民俗文化等为一炉，具有较高的文化品位。

值得一提的是，该村落在近 500 年的风风雨雨中，尽管被岁月践踏得满目疮痍，但主体框架基本保持了原有的风貌。据悉，该村正在多方努力，将全面实施保护性修复。

历史遗存

雷家庄古村落

雷家庄古村落位于灵石城西英武乡东南部，地理坐标东经111°41′，北纬36°54′，海拔999米。村庄建在两沟之间的山坡上，呈八字形状。左为凤山，右为龙山，北倚介神原（建新原），南望侯木山，脚下一径溪水四季流淌。衔山含水，负阴抱阳，可谓一处得天独厚的风水宝地。2014年，该村以其独特的古民居群落，被列为山西省第三批历史文化名村和国家级文化古村落。

该村历史悠久，源远流长。据现存史料记载，始建于元末，原名马家庄，当时村里只居住着从马家庄（今属交口乡）迁来的马姓一族三代人。至明初，有一祖籍陕西的雷姓人家辗转从平遥迁入，因其门族历代经商，家境殷实，入村没几年，便相继建起"文德堂""忠恕堂"两座宅院。至明末，村中马氏族人大都移民他乡，雷氏便经官府同意，将村名改为"雷家庄"。清初，附近陈家岭村的一户陈姓，因与雷家有联姻关系而迁入。两姓和睦相处，过从甚密，由来已久。现村中雷、陈两家仍为主姓。

据一位雷姓老人讲，村里有座酸枣树院，院内曾有一棵近千年高

147

雷家庄古村落

龄的酸枣树，高8米上下，胸径约3米，躯干中有一个大洞，虽历尽沧桑，但每年树冠新枝勃发，能结出好多酸枣。传说当年马氏之所以于此定居，就是看中了这棵酸枣树，说它每年果实累累，征兆着人气旺盛。后至雷家迁来时，也看中了这棵酸枣树，遂在其身边修建起几孔窑洞，还把酸枣树圈入院内。至20世纪70年代，因树的躯干腐朽严重而被主人砍伐。然而，尽管此树今已不存，但它见证了雷家庄村的过往，且在当地自古就有"先有酸枣树，后有雷家庄"之说。

据考，明代中叶，随着晋商的崛起，村中的雷氏子孙沿着祖辈经商发家的足迹，继续外出经商闯荡。传闻初期在内蒙古开饭馆与醋坊。进入清代，凭着丰厚的家底和手中积累的资财，先后在山东、河北、东北及京、津等地发展。至清乾隆和嘉庆年间，各地的生意达到鼎盛。其中仅天津一地的大小商号就有20多个。此间，还在本邑城内和介休、平遥、祁县、太谷及晋南一带，开办了布料、服装、鞋帽、日杂等商铺，主要经营津货。

然而，就在这一时期，雷氏家族与当时的其他官吏富商一样，由于受明清两朝提倡大家庭思潮的影响，在发迹拥有钱财之后，为实现光宗耀祖、炫耀门庭之夙愿，便不惜钱财在家乡大兴土木，建造宅第。据载，当时除大规模改造和扩建了最先建成的"文德堂""忠恕堂"两座宅院外，还修建了当铺院、账房院、车马院、长工院、粮仓院、东疙瘩院和西疙瘩院等20余座院落。并相继在村里办起酱、醋、香油、食品加工等日用作坊和钱庄、当铺及各类津货商铺。成为当时方圆各村的购物中心。并且因其经营的津货品类齐全，雷家庄村便有了"小天津"的美誉，至今还流传着"天津有甚咱有甚，咱和天津不差甚"的佳话。

雷氏家族的盛极一时，不仅给当地留下了值得回味的历史话题，而且还给后人留下了一笔颇具价值的文化遗产，即我们今天所看到的雷氏宅院。它们不论建筑艺术还是文化内涵，都是雷家庄古村落的一大亮点。

据统计，该村现有大小古院落58座，其中雷家的占比最大。这些院落分别排列在前后村的通道左右，形成一条主街道，想必与雷家当年在村中开设店铺生意不无关系。值得庆幸的是，这些大大小小的古院落，尽管经历了时代风风雨雨的洗礼，但多数保留了下来，特别是5座五合头院落（即五进式院落）和大小13座窑楼，其主体框架基本保持了原有的风貌。

雷家庄古村落的特点有四：一是选址独特，负阴抱阳。其村落四面环山，藏风聚气，体现了传统风水学的理念。二是因地制宜，布局合理。整个村落依山就势，随形生变，层楼叠院，错落有致，特别是五合头院落的布局，既珠联璧合，又独立成章，体现了明清两朝所提倡的大家庭思想。三是形式多样，特色鲜明。即有的为一二进式院落，质朴无华，古朴粗犷，带有明代遗风。有的为多进式院落（即五合头院落），大都采用窑洞和梁架结构相结合的建筑形式，体现了我国传统民居实用、美观、坚固的建筑特点。四是装饰典雅，内涵丰富。即多数院落在建筑的形制与装饰上，不仅充分体现了传统的儒家思想，还融入佛教文化、道教文化、民俗文化等诸方面的内涵，具有较高的文化品位。

目前，该村落除部分院落毁坏较为严重外，多数建筑保存完好，现已被列为县级重点文物保护单位。

历史遗存

静升怀永图院

　　静升怀永图院位于灵石城东静升村文庙西侧的钟灵巷内，创建于清乾隆五十七年（1792），为西王氏十七世王如琨的宅院。

　　王如琨，字良玉，曾任顺天府督粮通判加治中衔。他一生慷慨好施，朝廷为之嘉奖，建"好善乐施坊"于村中。

　　怀永图院，又名祝三堂，俗称小瓮门。其坐北朝南，占地面积1843平方米，是静升村古建筑群中唯一有三层楼建筑的宅院。

　　该院建筑布局集六座院落为一体，巧妙组合，别具一格。门前建有瓮门。瓮门为二层构造：底层为砖碹门洞，门额嵌有"怀永图"石匾；二层为砖木结构瓦房，前设砖砌护栏。入门有一条通道，将院落分为东西两部分，东面前有马棚，后有家塾、书院；西为主院，称为祝三堂，建有正北房、南厅、东西厢房和院门。其院门设于东南角，门额镶有"居安"石匾。正房为二层结构，底层为三孔窑洞，平顶，前檐建有木构插廊，明间设板门，次间设槛窗；南房为砖木结构，面阔三间，进深二椽，单檐硬山顶，三檩穿廊式。主院的大门坐于东南方位，为五品官员享有的鸡头门楼。入口呈屋门形制，由于坡度较大，门下踏

静升怀永图院门楼

跺加至四级，使入深约 4 米的门洞，又有了很强的纵深感。入鸡头门西进为前院。此院由正厅、东西厢房及倒坐南厅组成，是主人社交活动的空间。可惜正厅和南厅因年久失修而塌毁。由此往后，有一小院，将前院和后院既隔离又连在一起，穿过居中的屏风门（仪门），便到了三进后院。后院的正面为三层窑楼，一层、二层均为三孔砖碹窑洞，前有木构单坡插廊，为长辈居住；三层为阁楼，面阔三间，单檐硬山顶，四檩前出廊式，为祭祖堂。东西建有厢窑各两孔，为儿孙们居住；厢窑上面建有小姐闺房，面阔三间，单坡顶，前檐插廊，设木构护栏。从仪门东侧出一书有"堆云积翠"的便门，有一个一进布局的书塾院，其门额嵌有"迓天庥"题匾，院内建有正房、东西厢房。正房为上下两层窑洞，前檐均建有单坡插廊五间。主院西侧为书斋，其门额书卷型石匾上的"素心居"三个字，为主人王如琨所题，落款有"好古人不俗"印章一枚。该院除少数房屋的顶部塌毁外，主体建筑基本保存完好。

苏溪耿文光宅院

苏溪耿文光宅院位于灵石城东静升镇苏溪村南，创建于清乾隆七年（1742），为我国近代著名藏书家、目录学家耿文光的宅院。

耿文光，字星垣，后改为斗垣，号西山，别号苏溪渔隐，清同治壬戌科举人，灵石县苏溪村人，曾于清光绪十五年（1889）任职平遥训导。其生前藏书达46类146卷8万余册。并著有《万卷精华楼藏书记》《仁静堂书目》《紫玉涵书目》《目录学》《苏溪渔隐读书谱》丛书5部。其中《万卷精华楼藏书记》和《目录学》被收入民国23年（1934）出版的《山右丛书初稿》第一部。

耿文光宅院，俗称下河滩院，总体建筑为四进院落布局，虽现在破破烂烂，有的甚至近乎坍塌，但仍可窥见其原有的规模与品位。门的里外建有影壁，前院正房为两层构造。底层为三孔砖碹窑洞，中间一孔为门，通往二院；二层为砖木结构，即为闻名遐迩的"万卷精华藏书楼"；东厢房为书房，西廊庑为马棚。进入二院，正中为客厅，面阔三间，进深五椽，单檐硬山顶，六檩前出廊式构架；两侧各有厢房三间。二院与后院间隔一个小巷道，正面为垂花门。穿过垂花门便

153

是后院，后院正房为二层结构，底层为三孔砖碹窑洞，前檐建有单坡插廊；二层建有砖木结构阁楼，为祭祖堂，面阔三间，四檩前出廊式构架；两侧各建有厢窑两孔，顶层建有小姐闺房（绣楼），面阔三间，单坡顶，前檐插廊。

该宅院设计精良，布局合理，建造考究，儒雅气十足。目前除"万卷精华藏书楼"被改建外，其主体框架基本保存完整，已被列为古村落保护修复的重点院落之一。

静升三元宫与观音阁

三元宫

三元宫位于静升村北，始建年代不详。据考，清朝至民国年间均有修葺，现存建筑有明代遗风。

该宫坐西朝东，占地面积 1386.6 平方米，为弧形单进院落布局。院内主要建有正殿、配殿及山门。正殿为二层结构，底层为靠山崖而掘的土窑洞 4 孔，入深 7 米，青砖码面，加前檐木结构单坡式插廊；二层为一孔窑洞，建有插廊；配殿分别为东南侧两孔砖碹窑洞，西北侧四孔砖碹窑洞，进深均为一间，其中东南配殿内有地道，可通往脚下道左沟；山门位于南向，为木结构两柱一门，悬山顶。据说清代至民国初年，每年的农历正月十五、七月十五和十月十五日，村里的百姓都来这里祭拜上、中、下三元，即天官、地官、水官。至于殿内塑像何时被毁，说法种种，难以定论。现在院内房屋除部分为村民居住外，其余建筑损坏严重，亟待修复。

观音阁

观音阁位于静升村西的里仁巷门楼之上，始建于清康熙年间。据

静升观音阁

碑文记载，清道光二十九年（1849）、同治十一年（1872）、光绪三年（1877）、光绪十九年（1893）均有修葺，现有建筑为清代遗存。

　　该阁坐北朝南，建筑面积 354.3 平方米。主体建筑为两层结构，底层为南北贯通的拱碹门洞，高约 8 米，上层为观音阁，面阔三间，进深两椽，单檐硬山顶，三檩前廊式构架。阁旁建有偏殿，面阔一间，进深一间；巷门西南处建有戏台一座，建于 1 米多高的砖砌基台上，面阔三间，进深三椽，四檩前出廊式构架。该阁由于年久失修，门窗被毁，顶部破损严重，亟待修复。

静升龙王庙与极乐庵

龙王庙

此庙位于静升村西南，始建年代不详。据传，该庙建于清康熙年间，但无史料可考。庙内曾有清乾隆年间重修的石碑一通，今已不存。该庙坐西朝东，占地面积 476.3 平方米，现仅存正殿三孔砖碹窑洞和院墙及庙门。正殿进深 8 米，门窗被改造，建筑为清代遗存。

极乐庵

此庵位于静升村东北处，始建年代不详。据碑文记载，清康熙二十五年（1686）、嘉庆二十三年（1818）、道光元年（1821）均有修葺。庵内建筑均为清代遗存。

该庵坐东朝西，占地面积 487 平方米，为单进院落布局。院内仅存有正殿和北侧配殿。据说南配殿于 20 世纪 50 年代塌毁后拆除。庵门设于西南角。正殿为入深 9 米的一孔砖碹窑洞，装有槅扇门窗；北偏殿为两孔窑洞，入深均为 4 米；庵门为砖碹门洞。现庵内建筑多处受损，亟待修复。

157

旌介龙天庙与关帝庙

龙天庙

龙天庙位于灵石城东静升镇旌介村中，始建年代不详。据传，清朝历代均有修葺。又据民国22年（1933）所立《龙天庙重修正殿碑记》载，其时在正殿之上增建有观音菩萨楼（今已塌毁）。庙内建筑均为清代遗存。

该庙坐北朝南，总占地面积12178.9平方米，建筑布局分上下两院。上院北为正殿，左右两侧为耳殿，东西两厢为配殿。正殿面阔三间，进深五椽，单檐硬山顶，六檩前出廊式构架；左右耳殿面阔各三间，进深一间，硬山顶；东西配殿面阔各三间，进深一间，硬山顶。下院南为戏台，东西两侧分别为配殿和钟、鼓二楼。戏台面阔三间，进深四椽，单檐硬山顶，五檩无廊式构架；东西配殿各为三间，进深一间，单坡顶；钟、鼓二楼分别建于戏台两侧的拱形门洞之上，为单檐卷棚顶。现庙内建筑多处受损，门窗有的毁坏有的被改造，但主体建筑结构基本完整。2007年被列为灵石县重点文物保护单位。

旌介关帝庙

关帝庙

此庙位于旌介村中，始建于明代，清康熙年间重修。据村人讲，20世纪50年代，戏台顶部由村民集资翻修过一次。庙内建筑均为清代遗存。

该庙坐北朝南，占地面积793.6平方米，为单进院落布局。院内主要建有正殿、左右耳殿、戏台及钟鼓二楼。正殿面阔三间，进深五椽，单檐硬山顶，六檩前出廊式构架；耳殿面阔各三间，进深一间；戏台面阔三间，进深四椽，单檐硬山顶，五檩无廊式构架；钟、鼓二楼，分别建于戏台左右的门洞之上。其庙内殿宇门窗均被改造，整个建筑多处受损，破破烂烂，好在正殿山墙上记述关公生平的多幅壁画色泽艳丽，线条清晰，虽历尽沧桑，但基本保存完好。2007年被列为灵石县重点文物保护单位。

旌介朝阳庵

旌介朝阳庵门楼

　　旌介朝阳庵位于旌介村以东的小山丘之上，始建年代不详。据碑文记载，清道光二十八年（1848）有过一次修缮；又据村里的一位老者讲，民国末年，戏台顶部由村户集资进行过一次大修。庵内建筑均为清代遗存。

　　该庵坐北朝南，占地面积 1227.5 平方米，为单进院落布局。院内主要建有正殿、配殿、戏台、庵门及钟鼓二楼。正殿为三孔砖碹窑洞，入深均 7 米，前檐为单坡木构插廊，明间为四扇六抹槅扇门，次间设槛窗；东西配殿面阔各三间，进深一间，单坡顶；戏台面阔三间，进深四椽，单檐硬山顶，五檁无廊式构架；庵门东西各一，均为两层结构，底层为砖碹门洞，顶层分别建有钟、鼓二楼。由于历久失修，庙内建筑破损严重，但主体格局基本保存完整。2007 年被列为灵石县重点文物保护单位。

集广龙天庙与西庙

龙天庙

此庙位于灵石城东静升镇集广村中,始建年代不详。据村里一位老者讲,庙内曾有清乾隆年间重修的石碑一通,后于20世纪70年代遗失。民国年间至中华人民共和国成立初期,戏台顶部由村户集资先

集广村龙天庙戏台

161

后进行过两次大修。现存建筑均为清代遗存。

该庙坐北朝南，占地面积 2153.92 平方米，为单进院落布局。院内北为正殿，南为戏台，东西两侧有配殿。正殿为三孔砖碹窑洞，进深 5 米，建有前檐单坡木构插廊；戏台面阔三间，进深四椽，单檐硬山顶，五檩无廊式构架；配殿面阔各三间，进深一间，为单坡顶。现庙内殿宇门窗全部被改造，戏台保存较为完好。2007 年被列为灵石县重点文物保护单位。

西庙

此庙位于集广村西，据庙内遗存文字记载，该庙始建于清康熙五十三年（1714）。又据考，清代至民国年间均有修葺，庙内建筑为清代遗存。

该庙坐西朝东，占地面积 1357.3 平方米，为单进院落布局。院内主要建有正殿、戏台及偏殿。正殿为二层构造，底层为三孔砖碹窑洞；上层为砖木结构房，面阔三间，进深四椽，单檐悬山顶，五檩无廊式构架，明间为四扇六抹槅扇门，次间设有槛窗。戏台坐于 1 米多高的平台之上，面阔三间，单檐悬山顶，四檩前出廊式构架。正殿北侧建有偏殿，面阔三间，进深五椽，单檐悬山顶，六檩前出廊式构架。据说此殿原供奉着送子观音塑像，山墙上存有"观音送子"等内容的壁画。该庙宇由于年久失修，各殿宇屋顶破破烂烂，均有不同程度的毁坏。此外，与该庙相邻的村西瓮门上，原有小型关帝庙一座，今已不存。

尹方古庙宇

尹方古庙宇位于灵石城东静升镇的尹方村，曾是一个拥有多座庙宇的村舍，现在除部分已毁不存外，还有 6 座庙宇主体尚存。其中有 3 座被列为县级重点文物保护单位，有 3 座损毁严重。这些庙宇分别为：贺龙庙、文昌宫、文昌阁、慈慧庵、三圣庙和土地祠。各庙宇的建筑均为清代遗存。

贺龙庙

贺龙庙俗称下庙，位于尹方村西，始建年代不详。据考，清代多有修缮，民国年间，戏台顶部由村户集资进行过一次大修。21 世纪初，村委会对主体建筑进行了保护修复。其为当地极其少见的一座供奉古代神话中贺龙的庙宇。

该庙坐北朝南，占地面积 1125.7 平方米，为单进院落布局。院内主要建有正殿、东配殿、偏殿及戏台。正殿为三孔无梁形窑洞，进深 5 米；东配殿为土木结构单坡顶，面阔三间，进深一间；偏殿建在正殿东侧，面阔三间，进深一间，单坡顶；戏台与大门为连体建筑，底层为砖碹拱形门洞，上面为戏台，其面阔三间，进深四椽，单檐硬山顶，

尹方文昌宫

五檩无廊式构架。现主体建筑保存完好，2016年被列为灵石县重点文物保护单位。

文昌宫

文昌宫位于尹方村以东，始建年代不详。据考，清代至民国年间均有修葺，20世纪90年代，由村委会出资进行过一次全面整修。

该宫坐南朝北，建筑面积154.5平方米，为单体二层构造。底层为三孔窑洞，中窑前设有砖砌台阶，可通往二层；二层四周筑有砖砌围栏，居中为木结构殿宇，面阔三间，进深三椽，单檐硬山顶，四檩前出廊式构架。其底层与上层门窗全部被毁，院内杂草肆虐，但主体建筑基本保存完好。2007年被列为灵石县重点文物保护单位。

文昌阁

文昌阁位于尹方村东，始建年代不详。据考，清代至民国年间均有修葺。20世纪90年代，由村委会出资进行过一次全面修缮。

该阁楼坐东南朝西北，占地面积64.78平方米，坐于高3米许的一孔砖碹窑洞之上，左侧建有砖砌台阶，穿一小门（俗称腰门）可通往二层。二层四周筑有砖砌围栏，居中为两层六边形阁楼。下层为砖木结构，六面除正面设门外，皆设有拱形窗户；上层为木结构六边阁，阁内顶部为八卦藻井，阁外为六角攒尖式顶。整体造型高大精致，做工考究。现窑洞和上层阁楼门窗被毁，但主体建筑保存完好。2007年被列为灵石县重点文物保护单位。

尹方文昌阁

慈慧庵

此庵位于尹方村陶沟古道东侧，始建年代不详。据碑文记载，清嘉庆十四年（1809）、嘉庆二十五年（1820）均有修缮。而后再无修缮记录。

该庵坐北朝南，占地面积213.7平方米，为单进院落布局。院内主要建有正殿、耳殿、配殿及庵门。正殿面阔三间，进深三椽，单檐硬山顶，四檩前出廊式构架；耳殿建于正殿东侧，五檩无廊式构架；配殿位于西侧，为三檩穿廊式构架；庵门为砖碹门洞。现殿宇门窗被改造，其整体建筑由于风雨剥蚀，历久失修，损毁严重。

三圣庙

此庙位于尹方村中，始建年代不详。据碑文记载，清同治、光绪及民国年间均有修葺。该庙坐东北朝西南，占地面积184平方米。院内仅存正殿三孔窑洞和偏殿一孔窑洞。正殿进深5米，建有前檐木结构单坡插廊，破损严重；偏殿进深3米，门窗已毁。

土地祠

此祠位于尹方村西的方升坡间，始建年代不详。据碑文记载，清

165

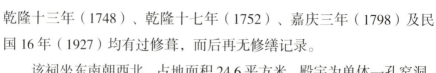

乾隆十三年（1748）、乾隆十七年（1752）、嘉庆三年（1798）及民国 16 年（1927）均有过修葺，而后再无修缮记录。

该祠坐东南朝西北，占地面积 24.6 平方米，殿宇为单体一孔窑洞，进深 6 米，塑像及门窗已毁。

历史风华

灵 石

　　灵石，古称瑞石，位于灵石县城文化艺术中心东侧的平台之上。此处为"灵石"的原始位置，多少年来，随着县城的不断改造，这里的环境也在不断发生着变化，但此石却始终没有被移动过，只是其外在装饰有过数次变更。据有关史料显示，明末清初，"灵石"矗立在一个规模不大的简易瓦廊亭内，石前设有香案；清乾隆五十四年（1789），瓦廊亭被改建为一座前面通透的廊庑，并立有石碑一通；民国年间，其廊庑被废，重建为一座高大的木结构廊亭，且斗拱飞檐，画栋雕梁，正檐下悬有"灵石"二字的木匾，四面还筑有鹅卵石甬道；而后，此廊亭被改造为吕祖庙的门庭，但"灵石"依旧在门庭之内；至 20 世纪 80 年代初，按照当时的环境改造规划，此处被扩建为一座供人们游览参观的"灵石园"，其灵石亭新建为一座古色古香的八角亭；21 世纪初，随着老城改造和文化艺术中心大楼的建设，灵石园被拆，灵石亭重修为现在的仿古样式。

　　该石身高 1.5 米，底宽 1.55 米，顶宽 1.3 米，最厚部位 1.64 米，最薄部位 0.3 米，表层呈褐色，略有光泽，石面多孔，其中最大的孔

灵石

洞直径 14 厘米，最小的孔洞 0.6 厘米，重约 6.8 吨。

据明万历二十九年版《灵石县志》记载："隋开皇十年（590），文帝驾幸太原，傍汾河开道获一石，有文曰：'大道永吉'，因以为瑞，遂于其地建设县治。"取名"灵石县"。至于石上的"大道永吉"四字，自古无一人看到，想必是当时为取悦文帝而为，或后世在编纂志书时有意渲染，两者皆有可能。

传说，日本侵华期间，一位将官曾削割此石的部分小块回日本化验，试图将其运往日本献给天皇，但因战事发生突变，最终没有得逞。

该石由于质地奇特，县又以之得名，因此，历朝历代的当地百姓视其为神石，每逢每月的初一、十五，城里的人们都要提着供品纷纷前来焚香叩拜，以祈求福禄安康。此风一直盛行至民国末年。中华人民共和国成立以后，"灵石"在当地人的心目中依然十分神圣，加之又极富传奇色彩，因此，一直得到很好的保护，并曾于 1963 年被列为省级重点文物保护单位。但由于对该石始终没有一个准确的定论，因而在很长的一段时间里，坊间仍有相当一部分人视之为神物，且迷信说法不绝，甚至还有人为之顶礼膜拜。直至 1984 年，其神秘的面纱方才被掀去。经山西省地质矿产局化验，该石硬度为 5.5~6.0，比重为 5.3，有磁性。新鲜断面呈银白色，断口参差，条痕为黑灰色，磨光后表面光滑照人；经酸浸后呈现出密密麻点，成溶蚀孔洞和凹坑。经进一步溶解化验，其含铁量为 96.17%，镍、钛、锰等元素含量不超过 1%。由此确认为来自太空的铁陨石，亦称"陨铁"。后经上级有关部门核实，此陨铁仅次于新疆所获国内最大铁陨石的体量，被列为中国的第二大铁陨石，并载入《中国名胜词典》。

历史风华

静升古镇

　　静升，古名旌善，位于灵石城东 12 千米处的丘陵地带，东眺绵山，西望汾河，北与介休接壤，南与本县的马和乡交错。这里自古人文荟萃，商贾云集。境内名胜古迹众多，文化遗存灿若繁星，具有深厚的文化底蕴。2003 年 10 月，被国家文物局和建设部命名为全国第一批十大

静升古镇风貌

历史文化名镇，并位居榜首。

据考，约在万年以前，静升河谷就已有先民劳作、繁衍、生息。20世纪70年代，镇东旌介村出土的新石器时期之石斧、石铲、石锛等足以说明这一推断；至公元前4000—前3000年，尧、舜、禹曾于此留有足迹，静升村的"尧车地""舜随地""禹亦地"遗址至今尚存；至殷商晚期，静升一带曾为羌族所代表的方国所在地，有20世纪80年代旌介商代古墓群出土的一批青铜器、骨器、陶器和玉器等佐证；至春秋时期，有晋文公焚绵山寻介臣履屐叹悔和清明寒食节由此兴起的史书记载；汉至隋唐，有汉文帝返朝千里径古道排驾、唐太宗绵山礼佛的传说故事流传至今，以及镇西苏溪村创建于唐咸通十一年（870）的资寿寺健在；宋时赵匡胤下河东扎营镇北的帅家山见诸唱本；元明清以来，特别是明清时期，静升村及周围的各类庙堂、民居、街道、商铺等建筑大批涌现，各类文化也随之丰富起来。

据载，静升自古辖环绵山脚下的各个村落，为周围乡里政治、经济、文化的中心。战国时，韩、赵、魏三家分晋，"旌善故村"先属赵，后归魏。秦王统一天下实行郡县制，"旌善"一带划归太原郡介

173

历史风华

休县所辖。隋开皇十年（590），灵石置县，"旌善"划归为灵石县，并设为"灵瑞乡"。传说旌善在灵石建县前就是介休辖内的一大集镇，但名称不详。至于"旌善"为何名"静升"，是因当地方言"旌善"与"静升"语音相近而渐渐演变为"静升"的。

又据有关资料显示，元时静升仍为灵瑞乡。明清两代实行里社制，静升明时设为静介里，清时改设东作里。民国6年（1917），山西实行编村制，静升被划为二区，辖静升、集广、旌介、尹方、苏溪、延安、马和、军寨、蒜峪9个村；民国35年（1946）仍为二区，改辖静升、苏溪、薛家沟（延安）3个治村；1947年，二区改为静升乡。中华人民共和国成立后，静升镇的名称至今有过6次变更，即：二区—三区—静升乡—东方红人民公社—静升公社—静升镇。

静升，不仅具有悠久的历史，还是当年晋中盆地最大的村舍。其占地13.2平方千米。村落由"九沟八堡十八巷"和东西"五里长街"构成，现实际人口万余。在这个极具北方特色的镇子里，至今保存着大量的文物古迹。据统计，村中原有儒道佛俱全的庙宇19座，家族祠堂16座，各类牌坊18座，魁星楼3座，文笔塔2座。如今，这些古迹虽多有损毁，但幸存下来的古建筑群与名胜古迹之数量，就村镇而言，在全县、全市乃至全省仍位居前列，而且大都保存较为完好。

尤为值得一提的是，静升村西王氏家族于明清时期建造的占地25万平方米之巨的"五巷六堡五祠堂"大型民居群落，其中高家崖堡、红门堡、崇宁堡及王氏孝义祠，于20世纪90年代末至21世纪初相继修复并以"王家大院"的名义对外开放后，得到社会的广泛认可。其整体建筑群，集官、商、民、儒于一体，融建筑文化、民俗文化、儒道佛文化等为一炉，具有很高的历史价值和文化品位。其中红门堡和高家崖堡，被列为全国重点文物保护单位和国家AAAA级旅游景区。2006年12月，又被列入《中国世界文化遗产预备名单》。此外，村中分别建于宋、元、明、清时期的后土庙、文庙、文昌宫、关帝庙、八蜡庙、三官庙和明清西大街以及西王氏宗祠、东王氏宗祠、孙氏宗祠等，也于近年全部修复，充分展示了静升古镇原有的历史风貌与丰富的文化内涵。

静升古镇自荣膺"中国历史文化名镇"的金字招牌以来，得到各级党委和政府及社会各界的广泛重视。已于2004年聘请同济大学城乡规划设计院编制出台《静升历史文化名镇保护与开发规划》。目前，县镇两级党委政府已将古镇开发列入重要议事日程，正在积极筹措资金，准备实施全面保护性开发。

历史风华

王家大院

　　王家大院位于灵石县城东 12 千米处的静升镇静升村。所谓王家大院，即静升王氏家族留于当今的一座座、一片片古民居群落的综合称谓。20 世纪 90 年代后期，这方民居群落伴随其中两座古堡建筑群的修复开放，很快在海内外声名鹊起，赢得来自四面八方游人的喝彩之声。并且，还有一个流传很广的口碑——"王家归来不看院"。

　　据记载，早在元朝仁宗皇庆年间（1312—1313），有一位名叫王实的年轻人从太原辗转来到静升村定居后，以农耕为本，兼营豆腐生意。由于其品行忠厚、好善乐施，赢得了家境的转机。传说，王实刚来到静升村不久的一天，于卖豆腐途中搭救过一位病倒在街头的年迈老翁，事后，老翁为谢救命之恩，凭自己的一技之长，便在村中为其选了几块龙脉上好的宅基地。翌年，王实遵嘱行事，始建宅院。或许是机缘使然，又或许积善之家必有余庆吧，王家从五世起，家业和人丁果然渐渐地兴旺起来。到七世开始外出经商，至明万历、天启年间，已是"逐利湖海，据资万千"。十三世进入清朝，十四世家道中兴，十五世步入官场，而后一代接着一代，官商并驾，营造出王家康乾嘉的鼎盛与辉煌，成为闻名遐迩的三晋望族。

　　然而，世事沧桑，好景难留。王家盛极一时的辉煌，挡不住时代潮流的席卷，终至道光年间，随着清王朝的日倾西下而走向衰亡。好在这个家族所建造的一片片、一座座古民居群落，不仅留下了许多值得回味的历史话题，还传给后人一笔宝贵的历史文化遗产。

　　据王家史料和现存的实物考证，明万历年间至清嘉庆十六年（1573—1811），静升王氏家族的住宅，随着其族业的不断兴盛，营造了占地面积达25万平方米之巨的建筑群体。在静升村"九沟八堡十八巷"和一条"五里长街"的版图里，就占到"五巷六堡五祠堂"的份额。其中有五座古堡分别以"龙、凤、虎、龟、麟"五种瑞兽之象的形制而建造，更彰显了其特有的气势与不同凡响。

　　现在对外开放的恒贞堡、视履堡、王氏孝义祠及2005年以来相继开发的崇宁堡和王氏主祠堂，尚不足王家大院总面积的三分之一，但在世人眼里却已是奇迹了！正像国际知名学者、清华大学教授王鲁湘先生参观后所感叹的那样："王是一个姓，姓是半个国，家是一个院，院是半座城。"

　　恒贞堡、视履堡、崇宁堡及两座王氏宗祠，均为清康熙、雍正、乾隆、嘉庆年间所建。共有大小院落200余座，房屋2000余间，占地面积82100平方米。其中，除两座宗祠外，三座古堡皆为黄土高坡上的全封闭城堡式建筑群。外观，居高临下，顺物应势，形神俱立；其内亭台楼阁，窑洞瓦房，巧妙连缀。博大精深壮观，天工人巧地利。于貌似千篇一律中千变万化，在保持北方传统民居共性的同时，又显现出卓越的个性风采。其总的建筑特点是：依山就势，随形生变，层楼叠院，错落有致，气势宏伟，功能齐备，基本上继承了我国西周时即已形成的前堂后寝的庭院风格，再加匠心独运的砖雕、木雕、石雕，装饰典雅，内涵丰富，实用而又美观，兼融南北情调，具有很高的文化品位。

王家大院

179

恒贞堡（又名红门堡），建于清乾隆四年至乾隆五十八年（1739—1793），是典型的北方全封闭城堡式建筑群。体状呈长方形，南低北高，负阴抱阳，四周高墙筑有雉堞，最高落差28米。其堡内的建筑，以古代编制户籍的"甲"为单位，共分为四个甲次。有大小院落88座，房屋776间，面积25000平方米。该堡的建筑古朴粗犷，具有明代遗风。其总体布局，隐一个"王"字在内，又附会着龙的造型。除前堂后寝的院落外，为顺应地形，一部分又应变为前园后院。各院间有的富丽堂皇，有的曲幽小巧。其砖、木、石三雕艺术，除一部分因出自乾隆早期显得古朴简洁外，大多数与视履堡一样，皆为清代"纤细繁密"之作。此外，于2003年在堡内设立的中华王氏博物馆，是目前海内外唯一的王氏家族文化博物馆。

视履堡（又名高家崖堡），建于清嘉庆元年至嘉庆十六年（1796—

王家大院恒贞堡

王家大院视履堡

1811），是王氏家族最后建成的一座古堡。据说，该堡的总体造型为一只"凤"，而且它身后是建在鸣凤塬上的"佳城"（祖坟），寓意祖德及堡内历代子孙如同金凤凰一样展翅飞翔。堡内共有大小院落35座，房屋342间，面积19572平方米，是王氏家族现存建筑的精华，被专家学者称为封建等级制官宦宅邸的存世标本。其东西两主院，均为多进式四合院，每院都有高高在上的祭祖堂和两厢的绣楼，还有各自的厨院、塾院，并有共同的书院、花院、长工院、围院（家丁院）。周边墙院紧围，四门因地制宜，大小院落既珠联璧合，又独立成章，其或隐或现，多种多样的门户，给人以院内有院，门里套门的迷宫式感觉。其建筑装饰艺术，特别是砖、木、石二雕艺术，被誉为清代"纤细繁密"的典范。2001年，堡内各院厅堂和居室内，依照"尊卑分等，贵贱分级，上下有序，长幼有伦，内外有别"的封建礼制格局，将王氏家族历代流传下来的大量家什物品，皆分门别类地陈列于其中，除各窑洞内的火炕已不存外，基本恢复了王家当年的历史风貌。

181

王家大院崇宁堡

　　崇宁堡（又名西堡子），建于清雍正二年至雍正六年（1724—
1728），据说，该堡的造型为"虎卧西阙"，寓意猛虎盘踞，威慑四
方，可护佑举族安宁。其方位坐北朝南，负阴抱阳，亦为一组全封闭
的城堡式建筑群，总占地面积3.5万平方米。整体呈长方形状，堡墙
高筑，森严壁垒。堡内共有院落32座，房屋960间，皆为多进式四合院。
且无论建筑还是装饰艺术，大都古朴粗犷，突显着明代风格。其作为
王家大院的一个组成部分，2005年，被开发为集"吃、住、游、玩"
为一体的旅游景点。

　　王家大院作为我国优秀的传统建筑文化遗产和民居艺术珍品，开
放20多年来，在海内外产生了广泛影响，并收到良好的社会效益和
经济效益。据了解，自1997年对外开放以来，共接待中外游人2000
多万人（次），旅游综合收入达数十亿元，成为灵石县很有前瞻性的
一大支柱产业。同时，王家大院还是备受关注的影视拍摄基地，先后
有《沧海桑田一百年》《古镇大河》《关中往事》《熬年》《吕梁英

雄传》《杀虎口》《白银帝国》《铁梨花》《义薄云天》《关中风云》《夺宝》和《红军东征》等 20 余部影视剧在此拍摄。朱镕基、尉健行、王兆国、任建新、马万祺等党和国家领导人以及知名专家学者罗哲文、郑孝燮、阮仪三、冯骥才、余秋雨、王鲁湘等视察、考察后，都欣然题词赋诗写文章，给予很高的评价。

1999 年，王家大院被评为"山西省十大著名旅游景区"和"山西省文明景区（点）"；2001 年，通过了 ISO9000 国际质量管理体系认证；2002 年，被评定为"国家 AAAA 级旅游景区"和"中国'质量万里行'全国示范单位"；2003 年，被评为"中国（首选）十佳文明示范旅游景区"；2004 年，被文化部命名为首批山西省唯一的"全国文化产业示范基地"；2006 年，被列为"全国重点文物保护单位"，同年 12 月，又被国家文物局和建设部列入《中国世界文化遗产预备名单》；2007 年，被评为"中国民间文化遗产旅游示范区"；2008 年，被评为"中国文化旅游十大品牌"；2009 年，被评为"中国最美的十大民居建筑"。

静升古民居选粹

在灵石城东静升村庞大的古民居建筑群中，随处都可以看到形制不同的精美宅院。它们有的门楼高大，富丽堂皇，有的含蓄庄重，庭院深深，还有的造型简洁，文气十足。不但彰显了北方民居的个性风采，还成为人们眼中历久不衰的一道文化风景。这里所选的凝瑞居、敦厚宅、桂馨书院、司马院、绿门院、树德院、不陋居（含素心居）、清芬院8座宅院，可谓院中翘楚，民居精品。

凝瑞居

凝瑞居又名府第院，位于静升村视履堡（又名高家崖堡）内，创建于清嘉庆年间。因门额有"凝瑞"木匾，故名。为静升西王氏十七世王汝成的宅院。

王汝成，贡生，官至布政司理问加三级、诰授奉政大夫。清乾隆年间，漕运山东，贩运盐茶粮油，获利颇丰。嘉庆元年（1796）与胞兄王汝聪以经商所得，历时16年建成视履堡。

凝瑞居为视履堡内两主院之一。首先，该院是严格按照封建等级制的规制而建造的。据《唐六典》规定："凡宫室之制，自天子至士庶，各有等差。天子之宫殿皆施以重拱藻井，王公诸臣，三品以上九架，五品以上七架，并厅厦两头，六品以下五架。其门舍，三品以上五架三间，五品以上三间两厦，六品以下及庶人，一间两厦。"凝瑞居建筑为中轴对称型，大门三间两厦，可见主人官职的品级。从正门入院，有仪门，左右门房和左右厢房，均为家丁及高级仆人居住。正北面是高级客厅，三间七架结构，高大雄伟，肃穆庄严，装饰虽少，分量却重。其前院四面建筑都有走廊，而且走廊上的坐斗、抱头梁及挂落上面，雕有适合主人身份的"状元游街""封侯挂印"等各类典故图案。

其次，该院沿袭了我国西周时期即以形成的"前堂后寝"的庭院建筑风格。穿过前院大厅进入中院，为一个小型院落，东西房舍均为二层构造，一层为女仆人居住，二层为贮藏室。由此经过，跨一道垂花门，便进入主人的后寝院。这是主人私密性较强的生活区域，平日除家人、仆人外，外人是不可以随便进出的。此院正北面的台阶之上，为二层窑楼构造，底层三孔窑洞为长辈居住，二层阁楼是供奉祖先的祭祖堂；两厢亦为窑楼构造，底层为儿孙们的居所，二层是小姐绣楼。在这块令人神秘的空间里，无论墙基石还是墙壁，也无论窗棂还是挂落、柱础石以及两侧绣楼台阶的石栏板，等等，汇集了众多美轮美奂的民俗雕刻艺术。其中，有 10 块（高 1.6 米，宽 60 厘米，厚 30 厘米）规格一样的青石墙基石，分别砌在正窑和厢窑的腿子上，上面雕有"五子夺魁""指日高升""吴牛喘月""麒麟送子""骏马飞奔""飞马报喜"及二十四孝中的"汉江革行佣供母""唐夫人乳姑奉亲"等传统典故。其雕技之绝妙，被人们称为"三雕"（砖雕、木雕、石雕）艺术中的极品。

从此院返回女仆人居住的中院，东面有一个小侧门，出去是一条巷子，巷子的东面，前有养正书塾，后有二进厨院。除此之外，此院周围还有与其兄王汝聪敦厚宅（另一主院）共同的书院、花院、长工院和高处的围院（护院家丁住所）。整个院内，门内有门，院内有院，

视履堡凝瑞居

其或隐或现，多种多样的门户，给人以"迷宫"式的感觉。

敦厚宅

敦厚宅位于静升村视履堡内，亦创建于清嘉庆年间。因门内额有"敦厚"木匾，故名。是静升西王氏十七世王汝聪的宅院。

王汝聪，贡生，官至以郎中加三级、诰授奉政大夫，为凝瑞居主人王汝成的胞兄，排行老大。嘉庆元年（1796），以经商所得，与胞弟合资，历时16年建成由敦厚宅与凝瑞居组成的视履堡（以下兄弟俩分别简称为老大和老二）。

敦厚宅与凝瑞居两主院，既珠联璧合，又独立成章。老大敦厚宅的建筑布局，虽也是按照封建等级制和"前堂后寝"的风格建造的，但与老二凝瑞居的做派却或多或少有着不同。从前面的马道看，明显的差异是大门的设置截然不同。老大官居五品，门楼看似高大，却为单间；老二官高一品，较之老大的门楼，虽低矮一些，但面阔三间（即三间两厦），很有气派。另外，老大的敦厚宅看上去华丽张扬，而凝瑞居则表现得格外含蓄低调。不过在建筑的文化底蕴和品位上，两者各有千秋，皆可谓官宅中的典范。

敦厚宅鸡头门楼主人的老大，虽不及凝瑞居老二的官大，可也享有五品官员的规格。因为当时朝廷有规制，低于五品的官职是不可以建造鸡头门楼的。另外，这座院落从整体布局和气势上都很霸气，给人一种威慑之感。门前有一座大型的"狮子滚绣球"砖雕影壁；门口两侧雄踞着一对威严四射的石狮。跨入其高高的门槛，迎面是一块高两米七八，宽近两米的巨型石刻影壁。上面用浅细的阴线刻着一幅江南山水画。画面中人物山水，亭榭楼阁，应有尽有，看上去十分雅致。由此西移，便进入前院。这里是主人的社交活动空间。正面踏跺之上，是接待贵宾的高级客厅，对应的南厅，为接洽普通客人的厅舍，东西厢房为中高级仆人住所。在这个三面檐廊的四合院里，上屋的装饰尤为讲究。屋宇三间七架，明间大于次间，每间都装有槅扇门窗，外有帘架，架心和厅前的挂落上，都雕有吉祥花草、祥云蟠龙、琴棋书画等各种图案，给人以富丽高贵之感。

从前院进入后（寝）院有两个途径，一是出正厅后门，经过一个狭窄的小巷进入；一是从前院东侧的小偏门出去，绕小巷北边的另一道门（即小巷东门）而入。人们一般选择后者，这样可以顺便看看"内三外四，七门三院"的厨院和南面两厅一院的三元书院。厨院内含就餐之所，它将主仆分为上中下三个等级，并规定不同等级的人，走不同等级的门，在不同等级的餐厅就餐，不可逾越。三元书院是供少爷们读书的地方，厅舍不大，装饰简陋，是一处很适合读书的僻静所在。

几经转折，再至前后院间的小巷，穿过垂花门便进入后院。此为主人私密性、隐匿性很强的生活区域。正面台阶之上，前加檐廊的五孔窑洞（比凝瑞居后院多两孔），为长辈们居住；主窑二层为祭祖堂；东西厢楼的一层为儿孙们居住；二层为小姐闺房。如此之布局，与凝瑞居相同，反映出封建社会大家庭在宗法礼教制度下的传统伦理观念。

历史风华

视履堡敦厚宅后院

然而，处身在这个充满神秘色彩的空间里，环顾周围上上下下，左左右右的雕刻装饰，使人觉得如同走进了富丽堂皇的宫殿一般。且不说房檐、挂落、额枋、雀替等建筑构件上的雕刻工艺，单正窑檐廊柱下的圆雕柱础石和东西厢房六个天窗的艺术构思就会让人惊叹不已。前者为宫灯型，图案分为六个层面，依次雕有鼓、锦、蝙蝠、祥云、草龙、回纹等，创意之奇妙，雕技之精到，出乎常人之想象。后者是六格天窗，融书法艺术于其中，分别用木条拼成各自形体不同的六个"寿"字于中央，周围是"王"字连"王"字延续不断的图案。这样的精工设计，在许多五品宅第里是不多见的。

视履堡桂馨书院

此外，敦厚宅还有前面凝瑞居提及的兄弟俩共有的一些功能性院落。

桂馨书院

此书院位于静升村视履堡内敦厚宅、凝瑞居以西，创建于清嘉庆年间，为敦厚宅主人王汝聪、凝端居主人王汝成兄弟俩共有的书院。

该院坐北朝南，房屋低平，光线充足，院落错杂，连环紧套。外观，极其平淡简朴，毫不引人注意。进入简陋的小门后，却别有一重天地，前院两个对称的月洞门与书有"桂馨书院"木匾的正门鼎立呼应，院内十字花径，东西沟通月洞门，南北连接凉亭与书院，从正门口到后院一明两暗的正房要经过三组三级台阶，为连升三级之象征。中院与后院的东西，各有书屋一间，两院之间由一米多高的女儿墙相隔，墙头望柱为"辈辈封侯"，底座刻浅浮雕渔樵耕读四逸图，为环境优美的书院增添了画龙点睛的一笔。

此外，前院东西两个月洞门的外墙上，各嵌有石刻楹联一副，并配有石刻匾额。东月洞门的楹联为"河山对平远，图史散纵横"，匾额为书卷式样，刻有"映奎"二字；西月洞门的楹联为"簏籁风敲三径竹，玲珑月照一床书"，匾额亦为书卷式样，刻有"探幽"二字。整个院落从里到外设置巧妙，意蕴含蓄，可谓一座优雅别致的家族书院。

司马院

位于静升村恒贞堡（又名红门堡）二甲西巷，创建于清乾隆年间，为静升西王氏十六世王寅德的宅院。因王寅德官至候选州同称司马，

恒贞堡司马院全景

又因院门内额有"司马第"木匾，故名。

此外，该院在民间还有一个可怕的名字，叫"妖怪院"。传说主人书院神龛内供奉着狐仙，半夜出巡能歌善舞，并与主人所养之鹿同玩于小园中，有人见后，传之乡里，故而有了妖怪院之说。虽家谱上亦有人撰文描述，其实，不过是主人的一种自我炫耀方式，借鬼神相助及妖狐仙气来提高自己的威望而已，不足为信。

司马院坐北朝南，建筑布局十分奇特，堪称绝妙。入门是一条狭长的通道，深处方门之上，有一座古朴小巧的望月楼，西侧一前一后有两道门，门里依次连套着四座院落，其布局曲折多变，有连有隔，隔而不断。正所谓"一关辖三门，三门通四院"，循序渐进，会觉得建筑空间时收时放，或曲或直，但丝毫没有憋屈之感，反令人觉得如同探游褒禅山洞，愈进愈奇。由此也验证了古语"水必曲，园必隔"的妙处。

该院的四个院落，不仅相互关联，而且有着各自的主题。分别被命名为：加官院、进禄院、增福院、添寿院。即：大门内西侧的月洞门里为私塾，主人期盼子弟在私塾苦读圣贤，早日科举及第，进入仕途，故名"加官"。过加官院向北直通第二个院，可登上望月楼，在望月楼上，既可赏月，又可照看家院，加之其直通第三院，故名"进禄"。穿过垂花门进入第三院（二合院），为晚辈们的居舍，因其院为院院向后增进，故名"增福"。最后一个院为长辈们居住，有东西厢房，是一个三合院，人们希望老人们长寿，故名"添寿"。如此给宅第院落命名的，在当地可谓独一无二。

另外，在增福院门的左右墙壁上，对称嵌有两块书卷形制的石刻，东为"勤治生，俭养德，四时足用"；西为"忠持己，恕及物，终身可行"。即教育子弟四时勤俭，可养生，可修德；终身忠恕，可持己，可待人。

纵观该院的建筑布局，不拘一格，突破了小小建筑的局限，继承和发扬了我国南朝以来即已形成的宅园建筑风格。

191

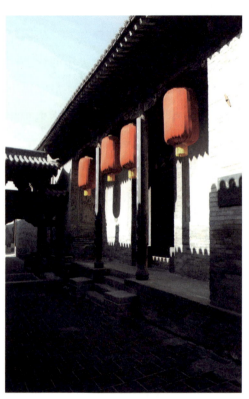

恒贞堡绿门院门景

绿门院

绿门院位于静升村恒贞堡三甲东巷内，创建于清乾隆年间。该院本名存厚堂（又称平为福院）。曾因大门被油漆为绿色，故而有了"绿门院"之称，为静升西王氏十六世王中极的宅院。

王中极，字会五，号约轩。官至布政司经历加二级，诰授奉直大夫，晋封中宪大夫，宣武都尉。乾隆五十年（1785），"圣驾临雍"，曾赐其黄马褂一件，银牌一面。其一生闯荡江湖，在商界颇具影响，所经营的钱庄、当铺等各类商号，遍布大江南北，为清乾隆、嘉庆年间名震京畿的晋商巨贾之一。

绿门院的建筑格局，是由中、东、西三路前后二进或四进大小八个方合院组成的。所谓方合院，是指按照周王时以中土为核心，辐射四方之四路诸侯方位形势而制定的礼的秩序。方位自天，礼序从人，反映的是天人合一，以礼为纲的传统礼教观念。这种布局尤显特别，极为罕见。而且不论二进还是四进院落，院院都有各自的功能。其中轴线上的主体建筑，正门三间一厦，门内有仪门（即屏风门），入门向东，有一条南北通道，通向二进院，是典型的北方四合院布局。正厅三间七架，屋宇栉比，楼堂杂错，厅内见院，院内见厅，浑然一个天地，又形成了建筑上的流动空间。从整体到布局，都显示出北方王府的气派。

该院的东路（松竹院）档次较低，虽与中路布局相似，但正厅三间五架，为晚辈们居住；西路（景熏院）则又次之。此院有四个小方院，主题各异。即：进入大门后的通道内，第一院为书塾，书塾之后为二合院，形制呈马鞍状；接着又是一个二合院，其地形略低于前一个院；再后则为第四院，为私塾先生之类的人居住。这四个院落，分别寓意春泰、夏安、秋吉、冬祥，合起来为"安泰吉祥"之祝语。

此外，在这院套院、门套门的空间内，无论房檐屋面还是门里门外，到处都是琳琅满目的装饰艺术。或木雕、或砖雕、或石雕，题材广泛，内容丰富，形式多样。有文有武，有仙有道，富贵寿考，四季花卉等，件件形象生动，样样趣味横生。其中"松、竹、梅、兰"四君子石刻，以花作字，乍看是花，细看是字的表现形式很是独到，还有精雕细刻的木雕挂落"满床笏"及石雕门枕石"丝绸之路"等装饰物，使整个院落充满了丰富的人文气息。

树德院

树德院又名旗杆院。位于静升村恒贞堡二甲西巷，创建于清乾隆年间。为静升西王氏十六世王中辉及其子王文山的宅院。

王中辉，字耀环，号敦素，国子监太学生，官至中宪大夫（四品）。其子王文山为从五品奉直大夫。王中辉之父王梦鹏，孝行义举，闻名朝野上下，奉旨建孝义坊，入孝义祠。一家三代，名位显赫，故而门前树有高大的石旗杆（旧时立旗杆有严格的规制，唯考取举人者方可立之）。这是西王氏家族历代唯一的一座旗杆院。

树德院是一座严格按照封建礼教格局建造的官宅。其布局，入门有一条南北中轴主线，左右东西的建筑对称而立，主次分明，且分中有合，合中有分，使居所的起居氛围，上下长幼有序，男女尊卑有等，内外远近有别，井然有序。

该院为两进式，中间的正大厅将前后分隔为两个四合院，使之自

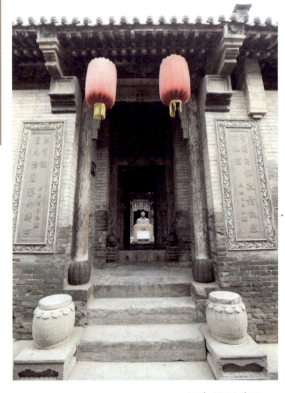

恒贞堡树德院

然形成了前堂后室的格局。其建筑雕刻讲究，精工妙作，内容丰富。除院内屋檐、墙基、柱础石、挂落雕有四季花草等一些吉祥图案外，从院内到院外的所有雕品，可谓文气十足，颇有品位。诸如门前的石旗杆雕有鱼龙蜕变、鸳鸯贵子、狮子绣球，并刻有楹联一副："万丈虹文辉斗极，九天鹏翼展春云"；院门前的上马石刻有："如意锦葵仰文莲图"，寓有万事如意、前程似锦之意；院门两边的石刻楹联为："圣道高深敦诗说礼功无尽，皇恩浩荡凿井耕田乐有余。"此外，还有灵石知县徐希高为其大厅所赠的"达尊兼备"匾，以及王氏合族为其后室所立的"婺宿腾光"匾等，无处不散溢着浓郁的文气。因此，多少年来，树德院一直被人们看作是文人官宦宅院的象征。

不陋居　素心居

此二居位于静升村恒贞堡三甲西巷，创建于清乾隆年间，两院紧密相连，也可视为一个套院。为静升西王氏十七世王汝霖和王汝民合伙建造的。王汝霖官至加捐府同知（五品），诰授奉政大夫；王汝明候补盐运司运同（从四品）。该院为典型的北京四合院模式，有倒座南厅、垂花门、前院、后院。后院是主人的寝室，东西厢房为二层楼房加挑廊，有明代的建筑风格。

不陋居，以陋为不陋，大门匾额上书有"敦素"二字，内额为"大夫第"，大夫第之后为"慎俭永图"，进大门转内院的侧门上又书有"辉光日新"，一门双额，三门四匾，足见主人的文化修养。

中院门额上所书"师吾俭"，与"慎俭永图"一样，是修建三甲西巷的原则，同时也要求子孙后代把"谨慎"与"俭朴"放到长久的法度之中，代代相传下去。

中院三间五架的过道客厅与南厅相对，前厅后的垂花门，又将前院和后院分开。此处宅院的主窑与客厅虽略具规模，但不作过分装饰。

西院，前园后院，抱厦厅组成北面与西面的建筑。月洞门额上的"友竹"石匾和石刻楹联"丛桂芳联依玉树，猗兰香馥绕高松"，告诉人们，这里是幽静的书院、花园，是诵读诗书的地方。西院门额上书有"槐庭世瑞"的木匾，是希望从这里走出人才，位列三公，光宗耀祖。王汝霖之曾孙王舒萼，光绪丙子科进士及第，与戊戌六君子杨深秀（山西闻喜人）、杨锐以及康有为交往甚密，于光绪二十一年（1895）四月，参与"公车上书"事件，变法失败后，六君子遇难，

恒贞堡素心居

195

康有为逃亡日本，王舒萼逃离京城，应聘于平遥县任超山书院山长，开始了他后半生教书育人的生涯。

不陋居、素心居，古朴典雅，以"俭朴"为修建宅院的总则，以书香气息来烘托陋居氛围，亦可谓一大特色。

清芬院

清芬院又名花甲子院。位于静升村恒贞堡内一甲西巷，创建于清乾隆年间，为静升西王氏二十一世王饮让的宅院。

王饮让，乳名花甲子（因其父60岁喜得贵子故名），字谦亭，博士弟子员。辛亥革命前后，晋商开始衰落之际，因其善于运作和周旋，家业基本保存了下来，是西王氏400年来兴盛不衰的家族成员之一。七七事变前，王饮让尚有大型商号12座。日军侵犯山西时，其携带七男二女举家迁往四川大后方。

清芬院是受封建礼教影响最为显著的一座宅院。其大门三间一开，前堂后室，并分东、西、中三路，西为私塾，东为寝室。大门东西廊

恒贞堡清芬院

心为石雕"夔龙献福"，包框墙为砖雕"鹿鹤同春"。正厅挂落为木雕道家人物，中间为道家三祖——原始天尊、太上老君、灵宝天尊，三祖两边为八仙，手执法器，眉目传神，其造型各具特色，无一雷同。东院为花甲子属院，原为继室居所，大门开在恒贞堡的南北主道上，为随墙垂花门。门内有素面太师壁一座，两边有月洞门，直通南小院。二门上有清朝大学士、三代皇帝之师祁隽藻书写的木匾"为善最乐"，是一座文气十足的宅院。

资 寿 寺

资寿寺，俗称苏溪寺。位于灵石城东 10 千米处的静升镇苏溪村西。寺院坐北朝南，东屏绵山，西望汾河，筑在北纬 36°，东经 111° 的小山丘上。该寺以其高超的建筑艺术和丰富的文化艺术内涵，被誉为三晋古刹群中的一颗璀璨明珠，并载入《中国名胜词典》，为时下深受海内外游人青睐的一处旅游胜地。

据现存的碑文记载，寺院创建于唐咸通十一年（870），重修于宋。以"祝帝道以遐昌，资群生于寿域"而名曰资寿寺。据有关史料显示，宋代寺院香火较为兴盛，每日晨钟暮鼓，上殿的僧徒多达数十人。金代末年，寺院因周围林木失火，部分殿宇被毁。元大德七年（1303），遭遇特大地震，寺院全部坍塌无存。随之，众僧各奔东西，香火断绝。传说，元泰定元年（1324），有一位名号法海的远方僧人云游至此，看到寺院坍塌荒凉的惨状很是惋惜，遂留脚有日，在附近的七八个村舍，持钵挨村挨户讲念经佛，意在激发当地村民捐银出力修复寺院。如此之举，甚为奏效。不日周围的乡绅、商号和村民纷纷捐银捐物，于元泰定三年（1326）动工重建寺院。明成化三年（1467）至正德

十六年（1521），又兴工对寺院进行了大规模的扩建完善，香火更甚。之后修缮不断，代代传承。后来在日本侵华时期，寺院未能幸免，日军杀和尚、烧寺院，致竖三世佛殿和紧邻寺院的关帝庙被毁，所幸其他殿宇损毁不大。现存建筑，大多为明代重修，总占地面积1.7万平方米。

寺院的整体建筑群体，殿宇巍峨，飞檐凌空，楼阁高耸，亭台林立。顶部三色琉璃瓦相间，远看飞阁流丹，下临无地，煞是壮观。主体建筑3000平方米，以仪门的砖雕影壁为中轴，入门有一条长达77米的砖砌围廊引道，由低而高过"法王古刹"砖坊渐次伸往山门。这里给人最深的第一印象，是仪门的设置颇有几分气势。其建制为两层构造，底层为高高的砖碹门洞，额上嵌有"八水圆功"石匾；上层建有精致的木构尊天阁，阁内塑有韦驮和千手观音佛像。顶部灰色脊兽，飞檐四挑，周围八柱支撑，形成回廊式样。登临鸟瞰，可一览全寺景况。

顺沿缓缓向上的引道至尽头，是寺院的山门。面阔三间，建有前

199

历史风华

后檐廊，门前左右塑有两尊高大魁梧的哼哈二将，形象威猛可畏，让人不寒而栗。

寺院的殿宇分前后两院。前院也称外院，主要建有四大天王殿、东西竖三世佛殿与土地堂。驻足于此，首先映入眼帘的是天王殿额傅山先生的书匾"山林埜趣"四个大字，黑底金字，其遒劲刚毅的笔力，给人以铜浇铁铸、雄伟不拔的印象。殿宇面阔三间，进深二间，前后开门，可入得后院。殿内两侧塑有掌护东、西、南、北四个方位的四尊天王坐像，其身高均在 3 米左右。人物面部生动饱满，造型魁梧逼真，富有古代武士彪悍有力的形象特征。后院较为宽敞，在正中 1 米多高的平台之上，坐落着大雄雷音宝殿，与天王殿遥相呼应。这是全寺的主殿。门额悬一块书有"万德巍巍"的木匾，黑底金字，笔迹柔中有刚，潇洒自如，为明崇祯四年（1631）当地的一位进士董承业所书。殿阔三间，内设佛祖释迦牟尼三身塑像，东西山墙分别绘有关于佛祖释迦牟尼传说故事的大型壁画，为元代遗存。图中青山绿水，人物花鸟，

资寿寺元代壁画

应有尽有，且构图豪放，着色浑厚，工笔重彩，技法不拘。特别是人物刻画生动细腻，衣纹线条清晰自然，富有很强的艺术感染力。

另外，与正殿并排的平台东西，分别设有弥陀佛殿和药师佛殿。殿阔各为三间，殿内上下左右大大小小的塑像，皆形象逼真，自然得体。其中，尤引人注目的是药师佛殿的天花板，可谓本寺的一大特色。其整体构制设计精巧，做工考究。且不说数十块方格中绘制的草药花卉之绝妙，单就中部饰有贴金浮雕蟠龙的两个长方形藻井就很让人兴奋了。它们用无数小巧匀称的彩绘斗拱，依照八卦图样，层层向内延伸，进深约1米，形成盘龙八卦外封的立体氛围。这种巧夺天工的奇制结构，在我国北方的寺庙群里也是不多见的。此外，在此殿的东山墙上，也存有一幅元代壁画，虽历经沧桑，但基本保存完好。

从正面的三个殿宇出来，院内的东西两侧分别配有弥勒佛殿和三大士殿、地藏王殿和二郎殿，殿阔各为三间。此外，在两院相隔的东西上方，分别建有钟、鼓二楼。如此格局，从前院步入后院，会明显

201

历史风华

地看到，古人在设置这组建筑群时，处处都讲究方位和构造的对称，就连院内四座小巧玲珑的碑亭，也是对称分布的。可见，该寺建筑的组合，主要吸取了我国传统对称美学的特点。移步观赏，后院各殿宇的彩塑、雕艺、构制各具其妙，也较为完善。如果从艺术的角度看，除主殿的元代壁画和药师佛殿的八卦藻井价值不菲外，当数东配殿三大士殿内的彩塑了。殿内三大士观音像及周围大小不等的18尊罗汉彩塑，尊尊形态优美，神情逼真，且色彩清淡朴实，衣纹线条自然流畅，可称之为寺内现存150余尊彩塑之最。他们有的合十沉思，有的跏趺静坐，有的怒目叱咤，有的谈笑风生……真是惟妙惟肖，栩栩如生，突破了古代某些彩塑中千篇一律而趋于雷同的模式。据说，曾有一位北京来的画家点评这些彩塑时说道，在18尊罗汉人物中，有部分人物具有山西人的个性特征。不愧为我国现存明代彩塑中的珍品。

除以上建筑外，在寺院的西北角建有方丈院、禅堂院、真武阁、千手观音殿、藏经楼；东南角有始建于元泰定三年（1326）的苏溪关帝庙。其中，西北角的建筑及殿内彩塑，于1985年至1993年，与资寿寺同期修复并对外开放；东南角与寺院连体的建筑，即民国27年（1938）被侵华日军烧毁的苏溪关帝庙，于2005年全面修复。其占地面积2000平方米，庙内重塑彩塑七尊，修复碑亭两座、照壁一座、圣迹廊30平方米、结义亭一座、石狮两尊，并于修复当年对外开放。

资寿寺自1993年修复开放以后，以其非凡的建筑艺术和国内稀有的元代壁画以及十八罗汉彩塑艺术，很快在全社会引起强烈反响。但不幸的是，就在开放的同年12月25日晚，寺内三大士殿的十八罗汉头像全部被盗。案发后，经公安部门通力侦破，虽罪犯被捕，但18尊罗汉头像却不知所踪。

两年后，爱好收藏古物的台湾震旦集团董事长陈永泰先生，先后在日本、我国台湾等地以重金将十八罗汉头像如数收购，又通过有关资料查明为山西灵石资寿寺所失时，因痛惜中华文化瑰宝，不忍其身首异处，遂向其投资所在地的上海市人民政府台湾事务办公室表明原委，并递交《捐献意愿书》声言："自为炎黄子孙，看到中华文化之宝贵文物被如此破坏并流落海外颇为痛心""为使宝贵文物完璧归赵""本人自愿通过上海市台办，捐献该十八尊佛头，使之物归原主"。

据此，上海市台办又委派专人会同山西省文物局有关人员到资寿寺进行了现场核实并录像后，由海峡两岸关系协会（海协会）致函台湾海峡交流基金会（海基会），请其协调台湾有关方面，以助陈永泰先生早日了此善愿；同时陈永泰先生本人亦致函海基会，委请代其处理此事。由于多方同心协力，终致善举如愿。1999年3月29日，遭劫掠达五年之久的18尊罗汉头像得以重归故里，重附金身。为此，灵石县人民政府特意在资寿寺内为陈永泰先生修建了"功德亭"，树立了"功德碑"，并为十八罗汉之身首重合、"死而复生"、再现佛容，举行了隆重的重新开光仪式。

由此，这座具有极高艺术价值的千年古刹资寿寺更加闻名于天下。2001年，被国务院公布为全国重点文物保护单位。

静升后土庙

　　静升后土庙位于灵石城东 12 千米处的静升镇静升村西，其背北面南，坐落在静升河（古名小水河）畔，占地面积 2000 余平方米，是灵石境内继资寿寺之后，建筑年代较为久远的一座道教庙宇。2006 年被列为全国重点文物保护单位。

　　据碑文记载，该庙始建于南宋咸淳元年（1265），元大德八年（1304）重建，明正德五年（1510）、清乾隆四十六年（1781）均有修葺。现存建筑除正殿为元代、献殿为宋代外，其他建筑均为明清重修，但在个别建筑的用材上保留有明显的宋、辽遗风。只可惜殿内的塑像毁于 20 世纪五六十年代。

　　该庙为一进院落布局。庙门设于南面，与戏台连体而筑，因庙内地坪抬升而显得较为低矮。庙内分上下两院。上院的中轴线上主要建有正殿和献殿。正殿面阔三间，进深五椽，单檐悬山顶，梁架为四椽栿对前劄牵通檐用三柱，檐下斗拱柱头及补间铺作各一朵，形制均为四铺作单下昂，蚂蚱形要头，当心间及两次间为四扇六抹槅扇门。殿内原供奉着后土皇地祇塑像，俗称"后土娘娘"。即神话中传说的掌

静升后土庙

管天下土地的万物之母，也是坊间特别信仰和敬重的大地女神。因此，在元大德七年（1303）遭遇特大地震后，静升村民重修的第一座殿宇就是此殿，足见其在人们心目中的位置。殿宇悬梁上，至今还存有"大元大德八年七月十四日重修"的记载。

出正殿，与之并排的左右，分别建有五岳殿和四渎殿及耳房，殿宇各三间，耳房各两间。其中，五岳殿内原供有东岳大帝、南岳大帝、西岳大帝、北岳大帝和中岳大帝塑像。传说他们分别掌管着东岳泰山、南岳衡山、西岳华山、北岳恒山和中岳嵩山，而被封为各自山头的帝王，后来民间尊其为五岳之神。四渎殿内原供有广源王、显圣灵源王、长源王和清源王塑像，传说他们分别掌管着长江、黄河、淮河与济水四条独立流入大海的河川。由于河流崇拜在我国起源较早，在民间同崇拜五岳一样，地方性很强，并无统一的河神或水神，所以便将他们视为河川神的代表而以"王"称之。

此外，在东西两厢建有配殿，殿阔各为三间，均为单坡顶。两殿

历史风华

内原供有火星娘娘、龙王、牛王、水草马明王、药王、二郎等诸神塑像。院的中央建有献殿，为木结构形制，呈正方形，面阔与进深均为一间，单檐歇山顶，覆盆式柱础，檐下斗拱六铺作三下昂，斗拱里转承井口枋交圈与抹角梁形成斗八藻井。构造精巧，工艺考究，气势雄伟，甚是壮观，为庙内建筑之精华，这也是北方寺庙里极为少见的建筑形制。据传，此献殿在元大德七年（1303）特大地震中，是庙内唯一的幸存物，震后主体建筑只是略有一点倾斜，没有受到大的影响，可见做工之精良。献殿的左右两侧，各设有碑亭一座。总览上院的这组建筑，当数主殿和献殿最具特色，而且较为完整地保留了宋、元、明三代的建筑艺术风格。

下院中轴线的南面为戏台，面阔三间，进深四椽，单檐硬山顶，五檩无廊式构架。在与其并排的左右两侧，建有钟、鼓二楼，在钟鼓楼与戏台的相隔间，一左一右还设有两个腰门。另外，在下院的东西两厢，建有茶房，面阔各三间，均为单坡顶。据说此房屋过去是专为来看戏和拜神的人们供给茶水用的。

整体建筑群布局合理，内涵丰富，殿宇宏伟，错落有致，处处体现了北方庙宇古朴粗犷、气势雄伟的建筑特色。该庙宇已于 2015 年全面修复。

静升文庙

  静升文庙位于灵石城东静升村王家大院风景区视履堡东南角。其坐北朝南，红墙四围，殿宇巍峨，楼阁高耸，古柏参天，是我国有史以来极其罕见的一座具有北方特色而又堪与州县文庙媲美的乡村文庙，迄今已有近700年的历史。

  据碑文记载，该庙始建于元至顺三年至至元二年（1332—1336），元明清历代多有修葺。庙内现存殿宇除部分配殿顶部于明清时期装修为琉璃碧瓦外，多为元代建筑。

  该庙历史悠久，且流传下来许多故事。据有关史料得知，元至顺三年（1332）初，自古尊崇儒学的静升人在耆老乡贤南塘倡议下，创立文庙于村中。其时，灵石的冉知县（名冉大年），以为此乃振兴文风之善事，又与朝廷政令相合，遂"乐然就董"，并亲临静升村察看地形方位，选中了"南俯通衢，外薄溪涧"小水河北岸，紧邻大道的阎家沟西侧为文庙基址。不料，是年八月文宗驾崩，朝中伯颜专权。这位知枢密院事、加太傅、封浚宁王兼奎章阁大学士的蒙古大臣，在至顺三年年底，力主朝廷下旨停止科考。虽朝中众臣多次据理力争，

静升文庙全景

但都无济于事。恰巧这一年，冉知县亦离任灵石，且村中供给学堂的庙田田租也改充为军费。随之，文庙之建立濒于夭折。所幸先贤南塘硬是顶住了重重阻力，率领乡民一道，起堂三楹四橆，基高柱檽，不鄙不华，塑像孔圣人于其中，左右配以颜回、曾参。又伐木筑土建东西廊庑，并建大成门、棂星门、午壁（"以御中外，子午甚称"）。此外，还栽植柏树六株于庙院之中，至今尚存。由于村人齐心协力，静升文庙（俗称庙学）于至元二年（1336）终于落成。而后，明清至民国年间均有修缮记载。其中值得一提的是，清康熙十四年（1675），静升西王氏十四世王斗星捐金三百独家重修，并改街道于午壁之外。

在该庙的门前，首先看到的是一座长 10 米、高 3 米的大型"鲤鱼跃龙门"石雕影壁，其本名万仞宫墙，又称午壁。它的雕刻内容及其雕刻艺术，被专家誉为稀世珍品。在其东侧，魁星楼门前的廊下，立有一通石碑，上刻有"官员人等，到此下马"八个字。此为过去的一个礼仪规矩。即官员路过此地，文官下轿，武官下马，徒步行走，

静升文庙前院

庶民百姓更不例外，以表示对孔子的尊重。

在影壁背后的两侧，建有东西牌坊门，门匾分别为"德配天地"和"道贯古今"。这是文庙的第一道大门，左右皆可以出入，从此二门进入，经过一个窄巷，便到了第二道门——棂星门。此门四柱三间，顶部斗拱飞檐，四柱基部抱鼓石前后对称相拥，由砂石雕制而成，很是气派。传说天上星系有二十八宿，其中掌管文事的星宿叫"棂星"，又叫"天田星"。古人祭天一般先祭棂星，其意有二：一是尊孔如天；一是从棂星门下走过，可以得到棂星相助，科考顺利。穿过棂星门，相隔两米处建有泮水和泮水桥。泮水即泮池，泮水桥又称碧水桥。其泮水桥和泮池栏板，均为仿汉白玉石雕制而成，小巧玲珑，十分精致。泮水桥当地人称为状元桥。

过了状元桥，七级台阶之上，建有大成门（又名戟门），面阔三间，前后檐廊。据说此门是因孔子集古先贤之大成，达到了至高无上的境界，故名。其两侧配有"敬止"和"沐心"二房。敬止为恭敬礼貌，

209

沐心意为以孔子的大德润泽心灵。这两所房屋，是达官贵人和儒家子弟拜谒孔子之前更衣、沐手及存放祭品的地方。

从大成门进入中院，在对面1米多高的平台之上坐落着大成殿，与大成门遥相呼应，这是该庙的主殿。殿宇面阔三间，殿内的正中塑有孔子坐像，其头戴十二冕冠，身穿十二章服，手执镇圭，享受天子之礼。左右为四配，即：东位是复圣颜回、述圣子思；西位是宗圣曾参、亚圣孟子。再外为十二先哲，东哲为闵子、冉子（雍）、端木子、冉子（耕）、卜子、有子；西哲为冉子（求）、宰子、仲子、言子、颛孙子、朱子。彩塑尊尊神形逼真，栩栩如生。出主殿，在平台之下的东西两侧建有配殿，又称东西庑。殿内依次设立着孔子弟子七十二贤之牌位。

另外，在与大成殿并排的东西，设有两个通往后院的小门，东门额的书匾为"金声"，西门额的书匾为"玉振"，都是孟子曾经赞扬孔子的用词。穿过两门进入后院，东西对称设有孔子圣迹廊。廊内的墙壁上，分别刻有数十幅记载孔子一生活动和言语的圣迹图。石刻构图精致，雅俗共赏，极具艺术感染力。此外，后院的北面为无梁殿，由东而西，一共有前加檐廊的五孔窑洞，中间三孔为寝殿，是供奉孔子夫人亓官氏的专祠，内设有木牌位，上书"至圣先师夫人亓官氏之堂位"。无梁殿东为崇圣祠，祠内供奉着孔子上五代先祖——肇圣王木金父、裕圣王祈父公、诒圣王防叔公、昌盛王伯夏公和启圣王叔梁公之牌位。出无梁殿，西侧设有砖砌台阶，可上到上院。上院与大成殿对应建有尊经阁，阁内藏有数十套孔子的竹简书籍。

除上述主体建筑外，在大成殿的西侧建有明伦堂。自元代以后，一直为育人之所。民国初年，又在明伦堂前，因地制宜修建了一座从街道开门的四合院落，即效仿西方建立校制，称之为学堂。院落的正北与东西均为两层构造，能容纳百余学子。至民国10年（1921），本学堂改为灵石县第二区区立高等小学校，迄今尚可见其特造之校门。

据有关资料记载，静升村自元代开办庙学以来，先后共及第进士 10 人，其中，元代 1 人，明代 2 人，清代 7 人（含武进士 2 人）；中举人者 17 人（明代 6 人，清代 11 人），其中苏溪村的耿文光为清末山西著名的藏书家、目录学家，被列入《山西藏书家传略》一书。

此外，在大成殿的东侧建有义仓院，东南角建有魁星楼一座。均保存完好。

这座占地仅 3500 平方米的静升乡村文庙规模虽小，却与州县文庙形制基本相同，可谓小而全、小而精。1996 年，静升文庙被列为山西省重点文物保护单位；2001 年，由灵石县人民政府投资全面修复后对外开放；2013 年，被列为全国重点文物保护单位。

历史风华

静升魁星楼

　　静升魁星楼位于灵石城东静升村文庙东南角的瓮门台之上，整个楼体建筑高大挺拔，琉璃碧瓦，画栋雕梁，飞檐翘角，从东、南、西、北四个方位进入静升，远远便能望见其雄浑壮观的景象，为静升村的标志性建筑之一。

　　魁星楼，又名奎星楼，始建于清康熙元年（1662）；道光十四年（1834），村人树立灯杆，并在每层楼角挂上了风铃；民国22年（1933），由赈济堂牵头集资1600块银圆，改建重修，将原来的二层增高为三层；20世纪90年代后期，静升镇人民政府向社会集资进行了全面整修。其整体呈塔状，身高连同基座约30米。设计考究，结构严谨，内有六根通天柱支撑；外围各层对应六角立有六根木柱；楼身六面皆为木制槅扇窗户，层层斗拱飞檐，雕梁画栋，六面翘角，碧瓦脊兽，圆珠贯顶，给人以色彩绚丽、雅而不俗的美感。

　　魁星楼内原供有魁星塑像，其赤发蓝脸，左手抱斗，右手执笔，一脚后翘倒勾，一脚踏于鳌头。古人形容魁星的长相如"鬼"，又抱着"斗"，两字合起来恰好是一个"魁"字。至于魁星的称谓与其形

静升魁星楼

象有无关联，不得而知。魁星，又称"奎星"。据史书上说，魁星为北斗第四星，北斗星共有七颗，依次为：天枢、天璇、天玑、天权、玉衡、开阳、摇光。一至四星为魁，五至七星为标，合为斗。但也有以北斗星之第一星为魁星者，即魁有"首"的意思，取第一星为魁者，谓七星之首，取前四星为魁者谓斗器之首。过去科举取士中状元为"大魁天下士"或称"一举夺魁"。所以，以往的莘莘学子认为魁星是科举文事的主管，便奉之十分虔诚。传说魁星点到谁的名字，谁就能中状元。因此，将魁星楼建在文庙的旁边是有其原委的。

1997 年至 2001 年，随着王家大院和静升文庙的全面修复开放，魁星楼作为静升古文化的一朵奇葩，每天都以其特有的风采接待着来自四面八方的游人。

静升万仞宫墙

　　静升万仞宫墙位于灵石城东静升村文庙前，为文庙棂星门的影壁，其坐北朝南，建于元至顺三年至至元二年（1332—1336）间。全壁东西长 10 米，高 3 米，厚 1 米。须弥石座坚托其下，顶部龙脊兽吻，琉璃碧瓦，仿木结构斗拱椽檐；壁面两侧小方格花墙对称烘托。壁心面积 22.8 平方米，为双面镂空石雕，前后单面均以 25 块大小不等的沙石雕镂而成，且组合严密，缝隙极小，颇具匠心。据考证，此影壁早于山西大同和北京等地的九龙壁，被视为国内难得一见的古今奇观。当然，从材质、性质等方面来看，它们没有可比性，但在设计和工艺上，极为考究，也十分罕见。

　　万仞宫墙，又名午壁，俗称鲤鱼跃龙门影壁。之所以称为万仞宫墙，其典故出自《论语·子张》中的"夫子之墙数仞，不得其门而入，不见宗庙之美，百官之富。得其门者或寡矣"。明代学士、都察院右御史胡赞宗在曲阜城南门题有"万仞宫墙"四字，此后各地效仿，便将文庙之前的影壁比作"万仞宫墙"。

　　该万仞宫墙的精妙之处在于，里外的图案相同而不露瑕疵。壁面

静升文庙万仞宫墙

四角，为云龙图案。中心画面上，巍巍龙门，激浪翻腾，二龙雄踞其上，露首藏尾，鳞爪隐现于茫茫云雾中。其中一龙，张口泻水，直冲龙门。其下一鱼正迎浪腾跃而上，头已成龙，鱼尾尚在，显然正在蜕变。另外七尾小鱼列其左右，逐浪追波，审时度势，俱试图相机一跃，达到质变之欲望。该壁以石作画，以画喻理，在鱼龙蜕变的全过程中，充溢着动感，显现着气势，张扬着力度，饱含着希冀。加之其所处的位置，北接文庙内的状元桥，东伴魁星楼，南对文笔塔，西邻孝义坊的浓重氛围，致历代莘莘学子无不望而砺志，憧憬金榜题名。

建筑的整体设计、布局、雕造，可谓匠心独具，技艺高超，不愧为我国元代的艺术珍品。且历经600余年保存完好。1996年，与文庙一并被列为山西省重点文物保护单位，2013年被列为全国重点文物保护单位。

静升文笔塔

　　静升文笔塔位于灵石城东静升村南小水河畔的拱极堡附近，始建年代不详，有研究人员推测为元代建筑。其高耸挺拔，气势巍峨，状若一支巨大的毛笔直插云天，被誉为山西古塔群中的一大奇迹。

　　该塔底座方形，青石砌筑，台高1米，塔基用材为沙石，塔身和顶端笔头青砖垒砌，塔尖为青石特制。据塔边曾立的一块石碑记载，塔高"九九归一八丈一"，下截塔身为实心，"实实在在路路通（六丈）"，上截塔身为空心，"三元齐（七）中两丈一"，笔尖为巨石雕造。另外，在塔身接近顶部笔头的位置，嵌有八块青石，正对着八个方位，上面镂空雕有八个篆字，却又似图案，无人能解，迄今还是一个谜。

　　据说此塔为静升村原有"文房三宝"建筑的其中一宝。即在塔西原有一座3.5米高的碑楼，形同一碇"墨"；碑楼向西（即南浦村地段的砚瓦台附近）建有一座正方形小院（今已不存）为"砚"。此院内的南面建有三间廊房，均未设门窗，东、南、西三面围有女儿墙，出口为正北方向。其平日闲置不用，只是村人在田间劳作避风遮雨和歇晌的一个地方（今已不存）。此院的北面不远处，有一个鹅卵石筑

静升文笔塔

砌的莲花水池，常年清泉涌动，说是研墨所用之水。如果把这三组建筑连起来看，笔、墨、砚一线排列在一张大大的"纸"上，即大地为纸，合起来便为"文房四宝"。此外，还有文笔塔以南高低起伏的静升南原山为笔架山，其造型为"〽"，说是用来搁置毛笔的。如此富有诗情画意且饱含希冀的巧妙构思，可谓古人的一大创举，令人不得不为他们的聪明智慧而叹服。

文笔塔作为静升村的一大标志性建筑物，早在 1963 年就被列为灵石县重点文物保护单位，2003 年又被列为晋中市重点文物保护单位。

静升明清街

　　静升明清街位于灵石城东静升村九沟以南，俗称"五里长街"。其东起于三官庙前的老槐树下，西止于关帝庙旁的出村瓮门。堡、巷民居分布在南北两侧，北面居多。自古有人将其比作头东尾西横卧在北塬南麓的一条巨龙，弯曲有致的街道犹如龙身，对称延伸的村北沟道与村南堡巷好似龙爪，形象逼真，颇具吉祥意味。它是沟通全村唯一的中心通道，也是明清以来商业贸易的活动中心。记载着当年这里店铺鳞次栉比、人来人往、车水马龙的繁华景象，以及商家遵章经营、童叟无欺、秩序井然的淳朴民风。

　　明末清初，随着村里防流寇、防盗匪而筑堡连巷的规划和扩建，五里长街才逐步形成后来的格局。明代初、中期，街道东西只有零散的十多家铺店和三四家客栈，摆地摊的居多。其中店铺多是在外做生意的人家开的，主要经营京货、杂货、包烟、棉麻、布匹之类的货品，客栈也是仅供从古道过往的商旅驼队居住。其街道还都是沙土路面，每逢夏、秋两季发洪，常是泥泞不堪。入清之后，随着店铺建筑的增多，村西街道才被铺为鹅卵石路面。有关街道路面的改造，在当地有两种说法，一说是众商家集资修的，一说是西王氏族人独家的善举。东街的扩建和路面的改造较之西街稍晚一些。至康熙、乾隆、嘉庆年间，街道的格局逐步成型并完善，商号和铺面发展到三四十家，并由村民自发组织起来的"财神会"进行管理。

进入民国以后，五里长街的商业发展一直保持着良好的势头。据《山西省统计年鉴》载，民国22年（1933），灵石全县共有商家189个，其中静升村就占到45.5%。但经过后来的实际考证和有关资料显示，其时静升的商号，总数已达到104家。具体经营的项目有：京货杂货、粮面油盐、烤饼蛋点、屠宰肉类、当铺钱庄、瓷器古玩、文具纸张、酿造粉坊、醋坊酒坊、织布染印、行医售药、棺木寿衣、木器加工、客栈饭庄、骡马大店、车辆租赁、银饰制作，等等。小商小贩摆摊设点的有：定秤编筐、簸箕笤帚、针头线脑、脂粉发卡、油糕杂割、南瓜白菜等，可谓五花八门。而且所有商铺和地摊，均由当时设立在程家巷口的"灵石县第二区商会分所"统一管理。

此外，据《灵石县志》载，静升村每逢农历的三、六、七、九设有集会，又有农历三月十八至二十日，六月十九至二十一日，九月十五至十七日和十月初一至三十日（小月二十九）的庙会活动。

静升明清街

20世纪40年代后期，尽管战争还没有结束，但每逢集市庙会，特别是十月间的庙会，只要没有枪炮之声，附近的村舍和相邻的县，乃至周边省的一些商人都会从四面八方车载驴驮地赶来静升，提前租赁铺面或临街占设摊点。届时整个五里长街人山人海，除琳琅满目的大小摊点外，还有耍把戏变魔术的、跑马卖戏的、吹糖人的、捏泥人的、卖狗皮膏药的、相面算卦的、看西洋片的，可谓形形色色，应有尽有。其摊点布满大街，乃至沟内巷道两侧也成了交易场所。这时本村和外村的人们，也挑着自己生产的五谷杂粮、瓜果蔬菜到设在八腊庙前、文庙前及牌坊底侧的三处集市区域（即农贸市场）去贩卖，就连老太太、大姑娘、小媳妇也要拿着她们的剪纸刺绣、布娃娃、布老虎和肚兜兜凑个热闹，借机换几个零花钱。

当时的骡马交易设在五里长街附近的小水河畔，人们把这一带叫做"驴市"。驴市场内最活跃的是"牙子"，他们每在衣襟和袖口下拉成一桩生意，都可以从中得到一定的回报。同时，打钉铁蹄掌的铁匠也能多挣一点钱。

庙会期间，都要请当地的山西梆子剧团来唱戏，一是给神灵献戏，一是为了吸引人们来集市购物，同时也为人们提供了走亲访友的机会。甚至还有人趁来静升看戏之便，把自己的子侄带上，托熟人或亲戚介绍在某个商铺里当一名学徒，学点手艺。

静升村的五里长街，不仅是当地人经商起步、小试牛刀的场所，也向家乡人在省城、京津乃至全国各地开设的商号、店铺输送了不少生意人才，使静升人从古至今，特别是明清时期，成为晋商队伍中不可小觑的一股力量。

2006年，灵石县人民政府从发展静升古镇旅游业的远景规划考虑，先行对明清五里长街的西大街进行了全面修复。目前，修复后的西大街作为镇内王家大院旅游发展的基础配套服务设施，又恢复了昔日店铺林立、人来人往、车水马龙的繁华景象。

静升文昌宫

静升文昌宫位于灵石城东静升村以南，始建年代不详。据说，文昌宫内曾有清乾隆年间重修的青石碑一通，后于 20 世纪七八十年代

静升文昌宫

遗失。院内建筑为清代遗存。

文昌宫坐南朝北，由宫殿主院和花园两部分组成，总占地面积12821.14平方米。主院中轴线上，自北至南依次建有木牌坊（大门）、文昌大殿。文昌大殿为两层构造，下层为三孔砖碹窑洞，上层为砖木结构殿宇。两层间设有台阶，且设计十分考究。即殿前台阶有三级，院前悬山顶门前台阶有七级，中间小平台下有台阶二十一级，取意"三元齐中"。其次，两柱悬山顶门楼，檐下斗拱四攒五踩，为早期木构工艺。主殿宇面阔三间，歇山顶，东、西、南三面为出廊式构架，殿内塑有文昌帝君和天聋地哑等七尊彩塑。下层东西两侧建有单坡配房各六间。主院东侧和南侧为花园，内植各类树木和牡丹等花卉，从主院东侧和南侧可以进入。2007年被列为灵石县重点文物保护单位，2015年由灵石县人民政府投资全面修复。

静升八蜡庙

    静升八蜡庙俗称红庙，位于灵石城东静升村明清东街，始建年代不详。其戏台建于清顺治年间。据碑文记载，清乾隆四十三年（1778）

静升八蜡庙戏台

有过一次修缮。而后于道光年间又进行过重修，庙内建筑均为明清遗存。

该庙坐北朝南，占地面积 1192.3 平方米，为单进院落布局。院内主要建有正殿、献殿、戏台、大门、影壁。正殿面阔三间，进深四椽，单檐悬山顶，内供神农及掌管天下害虫的诸神。其左右耳殿，面阔均为三间，分别为财神殿和土地殿。东、西配殿，面阔各为三间，东配殿内供斗姆；西配殿内供观世音、牛王、马王等菩萨。献殿面阔三间，进深五椽，六檩卷棚式构架。戏台面阔三间，进深四椽，五檩无廊式构架，后墙建有随墙大门，左右耳门之上建有钟、鼓二楼。1994 年被列为灵石县重点文物保护单位。2014 年由灵石县人民政府投资全面修复。

据村里老人讲，该庙曾在 20 世纪中后期举办过各种展览，召开过各类大会，举行过各种各样的文艺演出，为当时村中重要的文化活动场所。

静升三官庙

  静升三官庙位于灵石城东静升村以东，始建年代不详。据现存碑文记载，清康熙十年（1671）和道光二十八年（1848）均有修葺。该庙坐北朝南，总占地面积2096平方米，由庙院和道院东西两部分组成。

  庙院为两进式院落布局，各建筑随地势而渐次抬高，中轴线上自

静升三官庙内道院

静升三官庙戏台

南至北依次建有戏台（带门）、献殿、正殿。一层为五孔窑洞，进深均 7 米，正殿内供上元一品九气赐福天官——紫微大帝，中元二品七气赦罪地官——清虚大帝，下元三品五气解厄水官——洞阴大帝；并排左右偏殿分别供财神、玄武大帝、土地神、孙思邈（唐医学家、道士，被后人尊为"药王"）。二层为砖木结构殿宇，面阔三间，进深三椽，内供玉皇大帝及文武护卫将官等。献殿面阔五间，进深五椽，六檩卷棚式构架；戏台面阔三间，进深四椽，单檐硬山顶，五檩无廊式构架。东西两侧分别建有配殿和钟、鼓二楼，配殿均为一层，面阔各三间，进深一间，单坡硬山顶前廊式构架；钟、鼓二楼分别建于戏台左右的门洞之上。前后院占地面积 1294.78 平方米。

道院为一进院落布局，院内由南而北依次建有南房带院门（倒坐）、正房、老君殿（建于正房窑顶）。东、西两侧分别建有配房、随墙门等，占地面积 801.22 平方米。

该庙主体建筑为清代遗存。2007 年被列为灵石县重点文物保护单位，2015 年由灵石县人民政府投资全面修复。

静升关帝庙

静升关帝庙位于灵石城东静升村西，始建年代不详。据碑文记载，清康熙、嘉庆年间均有修缮。又据传说，光绪年间因遭受特大暴雨袭击，

静升关帝庙殿宇

229

庙宇毁坏严重，后由村民集资重修过一次，但未查到史料记载。庙内建筑为明清遗存。

该庙坐北朝南，占地面积 1399.8 平方米，为单进院落布局。中轴线上依次建有正殿（春秋楼）、献亭、戏台。正殿面阔五间，单檐悬山顶，六檩前出廊式构架，左右为二层构制的阁楼，底层为一孔小窑洞，进深一间，二层为木构房，面阔、进深均一间。东西建有配殿，面阔各三间，为单坡顶前廊式构架。献亭面阔五间，进深五椽，单檐卷棚顶。戏台因故暂未修复，据考，其原建制为面阔三间，进深四椽，单檐硬山顶，五檩无廊式构架。

此外，在庙宇东侧建有"别一天"二进小院，前后院各有窑洞两孔，为当年道士们的居所。整体建筑精巧别致，颇具特色。2007 年被列为灵石县重点文物保护单位。2015 年，庙内除戏台之外，各殿宇已全部修复。

旌介文昌阁

旌介文昌阁

旌介文昌阁位于灵石城东旌介村中心地段，始建年代不详。据考，清代至民国年间均有修葺，为清代遗存。是旌介村自古以来的一座标志性建筑。

该阁楼坐西朝东，建筑面积 100 平方米，坐立于两米多高的基台之上，基中碹有内洞，十字贯通；上面楼体为两层构制，均面阔三间，进深三间，装有槅扇门窗，上下均由八柱支撑，形成回廊式样，二层阁楼内曾供有文昌帝君塑像（今已不存）；顶部为重檐攒尖形制，黄色琉璃瓦覆盖。整体建筑显得富丽堂皇，高大壮观。2005 年 7 月由旌介村村委会投资进行了全面修复。

苏溪文昌阁

苏溪文昌阁位于灵石城东苏溪村东的苏溪夜月碑亭以西，始建年代不详。据碑文记载，清嘉庆十八年（1813）、道光十三年（1833）及民国 12 年（1923）均有修葺，为清代遗存。是苏溪村自古以来的一座标志性建筑。

该阁楼坐东北朝西南，占地面积 144.8 平方米。其整体构造犹如塔状，建于 1.5 米高的砖砌台基之上，为三层构制。一层为砖碹窑洞一孔，东西墙设窗，前檐为单坡木构插廊，由四根楹柱支撑；二层面阔三间，进深三间，正面设拱形门，三面设窗，四周檐廊，八柱支撑，形成回廊式样，其阁楼内曾供有文昌帝君塑像（今已不存）；三层为木结构，阁体面阔一间，进深一间，装有槅扇门窗。整体建筑挺拔高大，气势壮观。2004 年由苏溪村村委投资全面修复，2007 年被列为灵石县重点文物保护单位。

历史风华

苏溪文昌阁

南浦天齐庙

南浦天齐庙位于灵石城东静升镇南浦村以北的山丘之上，始建年代不详。据庙内遗存文字和石碣记载，元至治三年（1323）、清同治

南浦天齐庙

元年（1862）及民国 5 年（1916）均有修葺。现存建筑除正殿为元代构架外，其余均为清代遗存。

　　该庙坐东北朝西南，占地面积 1101.2 平方米，为单进院落布局。院内主要建有正殿、耳殿、配殿、戏台。庙门坐于东南角。正殿面阔三间，进深四椽，单檐硬山顶，三椽栿对前劄牵通檐用三柱，前檐斗拱柱头及补间各三朵，形制皆为四铺作单下昂，当心间补间铺作出 45 度斜昂，蚂蚱形耍头，殿内曾供奉东岳大帝（即唐玄宗所封泰山之天齐王）塑像；左右耳殿面阔各三间，砖木结构，硬山顶，曾分别内供牛头、马面、黑无常、白无常等诸神；东西配殿面阔均为三间，单坡顶前插廊式构架，曾分别内供山神、火神、水神、财神、土地神和观音菩萨、后土娘娘、眼光娘娘、送子娘娘等诸神。戏台面阔三间，进深四椽，五檩无廊式构架，檐下斗拱为异形拱交麻叶头。2007 年被列为灵石县重点文物保护单位，2016 年由当地政府投资全面修复。

夏门关帝庙

　　夏门关帝庙位于灵石城西南夏门村梁氏古堡临街的东南方向。始建于明代中叶，初为单层建筑，至清道光二十四年（1844），增建为二层建筑，且历代均有修缮，院内建筑为明清遗存。

　　该庙坐北朝南，为单进式院落布局。其南北长 30 米，东西宽 25 米，占地面积 7500 平方米，建筑面积 1485 平方米。整体建筑为砖拱窑洞与砖木梁架式结合的二层构造。底层正殿与左右殿宇为五孔窑洞，面阔 22 米，进深 13 米；东西配殿各为三孔窑洞，面阔 15 米，进深 6 米；南为戏台，面阔 10 米，进深 8 米，左右建有掖门及钟、鼓二楼；戏台之下建有三孔窑洞，面阔 10 米，进深 8 米，为庙祝起居及村中议事之所。二层为砖木结构，正殿面阔五间，前设走廊，四檩前出廊式构架，护有木质栏板；东西配殿各为三间，亦设走廊，前出廊式构架，护有木质栏板。

　　据考，关帝庙最初名为财神庙，里面主殿供奉着财神，其他殿内分别供奉着观音菩萨、河神、山神、子孙圣母和痘娘娘等。至清道光二十四年（1844），庙内整体建筑由一层增建为二层，其二层主殿开

夏门关帝庙

始供奉关帝圣君，左右分别为药王殿和财神殿。由此，整座庙宇统称为关帝庙。该庙于2017年由县政府投资开始修复，至2019年全面修复。

历史风华

静升西王氏宗祠

　　静升西王氏宗祠位于灵石城东静升村钟灵巷以东，其始祖王实（太原王氏第六十七世），于元皇庆年间（1312—1313）从太原移居到本

静升西王氏宗祠

静升西王氏宗祠戏台

县禹门外的沟营村（今灵石县南关镇沟峪滩村）后，又辗转来到静升
定居于村西。其初时以佃耕为主，兼营豆腐生意，后来垦荒自耕有了
几亩田地。七世以后，王家由农耕走向商贾。至明朝景泰年间，已成
为当地的一大富绅。

　　这个时候的王家，与其宗祠"创自明纪"记载的时间相吻合。不过，
当时的王氏宗祠，只有正厅三间，大门一座。据说还不及村西槐树底
张氏家族宗祠的规模。但入清之后，随着王氏家族经济实力的不断增
强，于康熙五十六年（1717）起，族人合力同心重修正厅，扩建宗祠。
不仅在东西两厢增建了存放祭器、遗书、斋戒物品和制作供品的神厨
各五间。同时还将祠门按规制扩建为三间，并在东北隅和西北隅修建
了角房四间（西北隅为一间），作为宗祠的附属建筑和看守宗祠佣人
的居房。至雍正六年（1728），宗祠两侧的厢房由五间扩建为十间。
乾隆二十年至四十一年（1755—1776），又先后三次扩建，第一次增
建了石坊、石栏、月台及铁旗杆于祠内；第二次在宗祠东面的临街处

239

扩修了围房五间，作为商铺用房；第三次又将祠门由三间改扩为五间。至乾隆末年，王氏宗祠已具规模，占地面积达到 1600 平方米。

而后至嘉庆九年（1804），王氏宗祠又跨街向南扩建了 500 平方米，增建了乐楼（戏台）、仪门（即太仆坊）、栅栏、优伶房（伶人住所）、马棚及围墙，总面积增至 2100 平方米。据《王氏族谱》记载，仅修建乐楼一项就耗银 3000 余两。至道光十一年（1831），在族人的倡议下，又改制了祠内的双斗铁旗杆，并在祠门及太仆坊（仪门）上悬挂有"奉旨恤赠太仆寺卿""钦赐世袭恩骑尉"两块御赐横匾，以及祠门左右大学士梁诗正题匾"积德累功"、大学士孙家淦题匾"尊祖合族"、光禄大夫左都御史梅珏成题匾"奕叶相承"、灵石知县题匾"积厚流光"。成为方圆乡里最为气派的一座宗祠。

民国末年至中华人民共和国成立以后，王氏宗祠多处损毁或改建，2007 年遵原貌进行全面修复，同时被列为灵石县重点文物保护单位。

静升西王氏孝义祠

　　静升西王氏孝义祠位于灵石城东静升村拱秀巷以西，始建于清嘉庆元年（1796），是专为十五世诰赠中宪大夫王梦鹏支系建造的。门前有清乾隆四十九年至五十一年（1784—1786）奉旨为旌表王梦鹏孝行义举而建的"孝义石牌坊"一座。

　　孝义祠坐北朝南，总占地面积428平方米，为楼上楼下两院布局。楼下院内东西为廊庑，正面有三孔窑洞，入深均为9米。正窑后有一个40平方米的大窑洞，专供停放灵柩之用。正窑两侧有沟通上下院的台阶和窑楼门。楼上院的正面为供奉先祖的祭堂，面阔五间，硬山顶。其建筑设计颇为考究，即明间前出四角亭，前檐的檐下设有木构围栏；槅扇分内外两层，中央三间祭祖，稍间存放祭祀物品等，明间无踏跺为神道，次间有踏跺为人道，东进西出；妇人道在东稍间，由砖磴涵洞台阶直通后门，不走正门。正堂南面建有一个"凸"字形戏台，台高离地面30厘米，木构悬山顶，进深、面阔均一间，周边无围，四柱裸露，有元代遗风。两侧有化妆屋，面阔、进深皆一间。戏台左右空间为乐池。正堂东西廊房专供看戏人使用。据说，王家往日每年

241

历史风华

静升西王氏孝义祠

春清明节，秋中元日，都要为祖先唱戏超度。

中华人民共和国成立以后，孝义祠被村里挪作他用，但损坏不大。据了解，该祠早在 1963 年就被列为灵石县重点文物保护单位。1998年由灵石县人民政府投资修复并对外开放，并且在该宗祠正式对外开放的当日（即 1998 年 8 月 18 日），海外王氏一行 400 余人专程前来参加了静升王氏族人举办的敬香祭祖活动。

静升东王氏宗祠

静升东王氏宗祠又名承颜堂，位于灵石城东静升村东的敬阳巷前。其始祖王彦文于元至正年间（1341—1368），从介休城南村迁来静升

静升东王氏宗祠

定居于此。其出身木匠，技艺了得，以此谋生。村中后土庙、苏溪资寿寺、绵山云峰寺、静升文庙及魁星楼等处都有他及其后世参与修葺的记载，被称为"大木作头"（相当于现在的总工程师）。至于其家族第几世建立宗祠，"创修记年无考"。

该祠坐北朝南，总占地面积380余平方米，为二进院落布局。院内正中主要建有正堂、献亭、石坊、戏台、仪门、影壁；东西两侧为厢房、耳房及祠门。正堂面阔三间，进深三椽，单檐硬山顶，四檩前出廊式构架，明间次间均为四扇六抹槅扇门。献亭面阔三间，为四檩卷棚顶。孝义石牌坊，为青石镂雕。戏台兼作仪门，单檐硬山顶，四檩后出廊式构架。此外，临街仪门前，立有杆木旗杆。

据碑文记载，清乾隆二十一年（1756），十三世族人出银重修宗祠西廊与南亭；乾隆三十四年（1769），重修正堂；同治元年（1862），竖立杆木旗杆；2005年，在二十二世族人王建立的倡议下，举族纷纷响应，将宗祠现存建筑进行了全面修复。2007年被列为灵石县重点文物保护单位。

静升孙氏宗祠

静升孙氏宗祠位于灵石城东静升村东的孙家沟（原名铁笼沟）内。其始祖孙仲，于明永乐年间从太原迁来静升定居于此。后因其独家居

245

静升孙氏宗祠

住，遂将沟名改为孙家沟。至于孙仲当初以何某生，传说不一，一说其以农为生，会吹笙箫还略懂医术；一说其为军中小官，靠军饷养家。其孙氏宗祠，据《孙氏族谱序》言，始建于乾隆元年（1736），时为正殿三间，配有耳房，后遭火灾，"栋宇毁坏"。又据后续《孙氏族谱》所收《誉抄重修祠堂碑记》载，乾隆四十三年（1778），族人出资重修如初，加廊房四间。"虽规模狭小，龛鄙无华"，而族人"报本追远之诚"却"有所缘以"（即祭祀祖宗有场所了）。祠内建筑为清代遗存。

该祠坐北朝南，占地面积 397.3 平方米，为单进院落布局。院内主要建有正堂和东西厢房、耳房及祠门。正堂面阔三间，硬山顶，三檩穿廊式，堂内木构及牌位木龛至今保存完好；两侧厢房各两间，单坡顶；祠门面阔三间，硬山顶。2006 年由族人和当地政府投资进行了保护修复，2007 年被列为灵石县重点文物保护单位。

集广何氏宗祠

　　集广何氏宗祠位于灵石城东集广村以西，始建于清雍正十三年
（1735），道光十三年（1833）重修，现存建筑均为清代遗存。

集广何氏宗祠

历史风华

该祠坐北朝南，占地面积 953.7 平方米。祠内"光裕堂"献殿将祠分隔为二进院落布局。后院正堂面阔三间，进深三椽，四檩前出廊式构架，明间设四扇六抹槅扇门，次间设槛窗；东西厢房各三间，均为单坡顶；献殿（也称过厅）面阔三间，进深四椽，单檐硬山顶，五檩无廊式构架。前院东西厢房面阔各三间，单坡顶，左右侧门通外；院中有古柏两株，据说为当年宗祠落成之日所植，迄今已有近 300 年的历史，但仍然灵秀挺拔，郁郁葱葱；南面戏台面阔三间，单檐硬山顶，四檩后出廊式构架，与祠门巧妙连为一体，极具匠心。此外，其戏台东西的出入门内额，分别书有"出将""入相"的字样，即西为入，东为出。据说每遇祭拜祖宗之日，族人们都会衣冠楚楚地从"入相"门进入，拜毕从"出将"门出去。寓有族人对宗祠光前裕后的寄托和期盼代代子孙兴旺，英才辈出，为官仕宦，出将入相的理想和愿望。

1994 年，何氏宗祠被列为灵石县重点文物保护单位；2003 年，被列入晋中市重点文物保护单位。2005 年，何氏族人筹资 50 余万元对宗祠进行了全面修复。

南原任氏宗祠

南原任氏宗祠位于灵石城东南原村后南原自然村中，始建年代不详。据碑文记载，清嘉庆十六年（1811）、光绪十五年（1889）均有修葺。祠内建筑为清代遗存。

该祠坐东北朝西南，占地面积172.4平方米，为单进院落布局。院内主要建筑有正堂及祠门。正堂为三孔砖碹窑洞，前檐为单坡木构插廊。2007年族人筹资进行了全面修整。

此外，与该村相隔三四华里的前南原自然村中，还有一座任氏宗祠，亦为清代建筑，至今保存完好。据考，两个任氏家族为同一宗祖。

静升古牌坊

静升古牌坊位于灵石城东的静升村，曾于明清时期建有各类石木牌坊18座，被誉为"牌坊之乡"。但由于历代战火频繁以及"文化大革命"，加上其他人为等因素而多数被毁，现仅有5座坊幸存下来。它们分别为：节孝遗芳坊、纯孝苦节坊、孝义坊、太仆坊和好善乐施坊。

节孝遗芳坊

此牌坊位于静升村西王氏宗祠以东，为清雍正四年（1726）旌表西王氏十四世王辅廷之妻马氏而立。

据清乾隆版《王氏族谱》中灵石知县汪志伊所撰《节妇马氏传》一文曰：马氏15岁出嫁，五年后丈夫殁，时婆母"已癃疾"卧床不起，其子寅德"犹在襁褓"，马氏"以媳代子"，服侍婆母至"疾终"，又"丧葬尽礼"。其间"以母兼师"，督导儿子成立。之后，在叔父协助下，寅德"承志居积"，授职州司马，成一方富绅。寅德遵母命修桥筑路，通渠溉田，"捐金修堡"（指凝固内堡），"扶危济贫"之名"著于邑间"。马氏年届七旬，官府举马氏节孝，遂"奉旨建坊旌其间"，山西巡抚石麟、布政司蒋某、学政励万宗分别题匾"节孝遗芳""壶

静升节孝遗芳坊

静升纯孝苦节坊

历史风华

范可风""冰蘗流声"悬于其门。该牌坊于2007年遵原貌修复。

纯孝苦节坊

此牌坊位于静升村西王氏宗祠以西，为清雍正四年（1726）旌表西王氏十五世王昌祚之继妻刘氏而立。

据《王氏族谱》载，刘氏26岁夫殁，"翁意令转适，氏志坚金石，屹不为动"。扶幼孤四：炳、煌、燔、炜，皆叔伯之嗣，其后训迪有方，咸至成立。苦累一生，且操守妇道。遂建木牌坊一座于村中。此牌坊于2007年遵原貌修复。

孝义坊

孝义坊位于静升村文庙以西孝义祠门前。始建于清乾隆四十九年（1784），乾隆五十一年（1786）建成，为旌表西王氏十五世王梦鹏而立。

王梦鹏，字六翮，号竹林。生于清康熙十九年（1680），卒于乾隆二十一年（1756）。据民国23年版《灵石县志》载，静升王氏十五世王梦鹏，"优生，性仁孝；幼以昭穆序，出继胞叔，色养备至。曾父染疫症，奉侍汤药，不离左右，祷神愿以身代。时村中殁于疫者颇多，惟其父获愈，合家无恙，咸以为诚孝所感。母翟氏殁，哀毁骨立；既而父殁，乃筑庐墓旁，朝夕哭泣，人共称为'王孝子'。设义学，建义冢，修桥梁，岁歉，出金赈济，合村赖以保聚。乾隆四十年，详准入祀孝义祠。以嗣子中极贵赠中宪大夫"。王梦鹏一生励志笃学，敦厚善良；恪尽子责，修孝于内；济困扶贫，施义于外。众乡族举其孝义，奏请朝廷旌表，王梦鹏力辞。卒后方如众愿，建孝义坊一座。

孝义坊，高7.36米，宽13.94米，为三间四柱三楼形制式，单檐歇山顶，整座牌坊是用纯正青石，将基座、柱、梁、兽、脊、斗拱、匾额等构件雕凿为成品而后组合成型，是静升村所有石坊中做工最精最考究的，也是至今保存最为完好的一座石坊。其四柱为方形抹角石柱，主角施有夹杆石，四面围抱；夹杆石下为方形石座，中间雕有石鼓，上雕形态各异的石狮，明间的石柱前后各一组，两次间的石柱前

静升孝义坊

后和外侧各一组，共十组；石狮庄严肃穆，威风凛凛，雄踞于石鼓之上，守护在楹柱之下。石柱前后刻有四副楹联，中间两副，一前一后均为楷书。前为"清芬克绍先声品重竹林孝义敦而厚俗，丹綍式褒硕德辉绵槐砌子孙念以承家"。后为"艺苑懋醇修敦本施仁绪溯河汾推族党，天家垂旷典享祠表里风传唐魏励贤良"。两翼两副为篆书，前为"克笃行宜超流俗，载锡丝纶启后昆"。后为"躬践秉彝昭物则，典隆旌淑树风声"。坊心"孝义"二字，为清代著名书法家、文学家、金石学家、内阁学士翁方纲于乾隆五十年（1785）所书。孝义坊顶部共有8组斗拱，12对兽吻，角檐飞翘，脊雕玲珑，斗拱重叠，兽吻生动，为一组精美的石雕艺术品。

253

太仆坊

太仆坊位于静升村王氏宗祠大门前，为旌表王氏十七世太仆寺卿贵州贵西道王如玉而立。

据资料记载，王如玉（1732—1773），字璞园，又字岚溪，号汾

静升太仆坊

左。而立之年，由贡生以道员注籍，官拜贵州贵西兵备道兼提刑按察
司事。其性格豪爽，热情好客，擅长即兴吟诗，以诗唱和，笔下诗篇，
不乏佳作。其诗作气度高雅，"不为古缚，不为今诱"，慷慨有节，
如其为人。一次，经好友朱文震引荐，得识扬州八怪等几位江南才子，
并与郑板桥一见如故，结为忘年之交，且二人多有酬唱应答诗篇存世。
乾隆二十七年（1762），其诗集《岚溪诗钞》问世，好友朱文震为之
撰写序文。

又据资料记载，王如玉在贵州贵西道兼提刑按察司事期间，每遇
案件，皆"再三详审，民以不冤"，使"境内大治"，深得总督刘藻器重。
乾隆三十一年（1766），因总督刘藻被革职而继任总督对其挤兑不用，
遂以亲老归养为由，返回故里。

乾隆三十六年（1771），小金川（治今四川小金）叛乱，朝廷下
令征讨。因驸马爷忠勇公福隆安的奏荐，王如玉被派往四川军前分理
粮务。临行前还得幸乾隆皇帝内廷诏见，为此，王如玉赋诗《内廷佛

手柑之赐恭纪二律》叩谢浩荡皇恩。乾隆三十八年（1773）小金川降人复叛，夜袭清军大营，主帅温福被杀，王如玉亦因所带兵卒寡不敌众，阵亡疆场。

次年，奉旨追赠王如玉太仆寺卿，入祀昭忠祠，并立坊于静升村北鸣凤塬王氏祖茔地以旌表（今已不存）。至清嘉庆九年（1804）族人又在王氏宗祠大门前为其建立了太仆坊（属仪门坊），该木坊于2007年遵原貌修复。

好善乐施坊

该牌坊位于静升村钟灵巷以西临街处，为清嘉庆十三年（1808）旌表西王氏十七世王如琨而立。

据民国23年版《灵石县志》载："王如琨，字良玉，住东乡静升村。原任顺天府督粮通判加治中衔，以子臣敬贵，诰授朝议大夫，长芦盐运天津分司运同。生时，父炯年已七十岁，伯兄早逝；稍长，即知孝谨，以父年老委曲调护，色养备至。俾父得享遐龄，寿至九十六岁。一姊

静升好善乐施坊

历史风华

适同村高姓，家贫，早寡以时周恤之，无少缺乏。遗孤甥二，出己资延师教读，又以次甥读书质少钝，使习骑射，遂入邑武庠。甥孙五人，量其才器，俾三人服贾，二人读书，其一卒为名诸生，有声学校。家亦渐裕。乡人皆曰：'高氏之兴，王某之力也。'品端行粹，动必以礼，乐于为善，自奉殊俭约，而义所当为，虽费千金弗吝。凡邑中有大兴作及诸义举，无不赞助成之。以故，乡人咸感其慧，为立德行碑记其事，碑在县城东门外。又以岁饥，出粟赈济。匾其门曰：'泽及乡邦。'其官京师也，有慧政以洁清自励，举不利于民者，悉除去之。嘉庆戊辰，两充乡会试供给所官，上器其能，士颂其公，解组归里，道经平定州，时值官修东天门石路，慨然以千金助工。大吏闻于朝，奉旨以好善乐施建坊，旌表坊在静升村。"此木坊于 2006 年 10 月遵原貌修复。

夏门百尺楼

　　夏门百尺楼位于灵石城西南 10 千米处的夏门村，背靠秦王岭的龙头岗，面对巍峨险峻的韩信岭，楼体高挺，古朴厚重，远近望去，雄浑壮观，为夏门梁氏古堡的标志性建筑。据说"百尺楼"之名源于唐代大诗人李白的《夜宿山寺》，即："危楼高百尺，手可摘星辰。不敢高声语，恐惊天上人。"

　　该楼由夏门梁氏家族创建于清乾隆中叶，其方位坐西向东，倚壁傍汾，面阔 15 米，高 40 米，进深 3 至 4 米不等。整体建筑以天然石壁为基座，一至三层为砖拱结构，四层为砖木结构。一层二层均为三孔窑洞，上下连通，窑后石壁裸露，凹凸不平，且在二层的一角，下留梯口，上筑砖阶。三层有四孔窑洞，窗户大于下层，屋内明亮宽敞，窑后为青砖墙壁，与四层间筑有砖阶。四层为顶层，名曰"云厅"，其内有六柱擎顶，后壁有门，可通往堡内；左边建有门房，面阔二间，东北两墙各设小窗；右边建有厕房，面阔三间；中间为穿廊构制，分别建有茶亭阁、酒亭阁、凉亭阁。其功能：一层二层用以存放杂物，三层可以居住，四层既可品茗、饮酒、赏景，又是主人宴宾会友、吟

257

夏门百尺楼

259

诗作赋的优雅之所，更是灵石古八景之一的"夏门春晓"最佳赏景之地。清嘉庆年间灵石县令王志瀜所书的"夏门春晓"四字石碣，至今仍镶嵌在百尺楼一侧的石壁间。

百尺楼设计考究，筑工精良，历久不衰。现在除顶部亭阁略有破损外，整体建筑基本保存完好。1994 年被列为灵石县重点文物保护单位；2016 年随夏门古堡被列为省级重点文物保护单位。

两渡秋晴桥

　　两渡秋晴桥位于灵石城北两渡镇两渡村南，始建于清乾隆三十三年（1768），乾隆三十六年（1771）建成。因灵石古八景中有"两渡秋晴"之胜景而得名。为自古以来灵石境内汾河段最长的一座拱形石桥。

两渡秋晴桥

261

据有关资料记载，该桥为灵石历史上四大家族之一的两渡何家首倡集资而建成的。其东西全长 104 米，宽 5.4 米，高 5.7 米。桥下共有 11 个桥洞，其中主桥洞 7 个，副桥洞 4 个，桥洞间隔的桥腿上，前后皆筑有锥形加固石墩；桥上两侧护有石栏板，高 1 米上下，栏板上雕有各类古典图案；东西桥头两侧，分别立有方形望柱，上面均刻着不同形体的"秋晴桥"三字。其整个桥体为方形砂石筑砌，设计精良，结构坚固，筑工考究，虽历经几百年沧桑，至今依然完好无损。

马和晋祠

马和晋祠位于灵石城东 17 千米处的马和乡马和村北。始建于元至正三年（1343），明嘉靖年间（1522—1566）、隆庆年间（1567—1572）、万历二十四年（1596）均有修葺。至清道光十三年（1833），祠内戏台、钟鼓二楼、东西耳殿及配殿有过一次修缮。现存正殿、献殿为元代建筑，其余建筑均为明清遗存。

该祠坐北朝南，占地面积 1741 平方米，为一进院落布局，分上下两院。中轴线上主要建有正殿、献殿、戏台。东西建有耳殿、配殿及钟鼓二楼。正殿、献殿建在上院，均为元代所建。正殿为昭济圣母殿，面阔三间，进深六椽，单檐悬山顶，前出廊式构架，前檐斗拱分别为柱头铺作、次间补间铺作、明间补间铺作；左右耳殿各三间，进深 3 米，硬山顶；东西配殿各五间，进深 3 米，均为前檐木构单坡顶。献殿，又称献亭，平面呈方形，四向敞朗，檐柱粗壮，覆盆式柱础，柱头斗拱五铺作双下昂，单檐歇山筒板瓦顶。戏台建在下院的砖台之上，下方为山门过道，因祠内地坪抬升而显得较为低矮；顶部为灰脊筒瓦，装有吻兽与垂戗脊兽；戏台檐柱为四根方形石柱，柱间用额枋串联，

马和晋祠

平板枋上的斗拱为一斗二升交麻叶头，明间平身科三攒，次间一攒。戏台东西为钟、鼓二楼，悬山顶，分别建在砖砌拱碹掖门之上。另外，下院东西建有配房，均为前檐单坡插廊。

该祠由于正殿和献殿为元代建筑，具有较高的历史文化价值。其建筑装饰虽明清修缮时多有改动，但仍不失元代遗风。1994年被列为省级重点文物保护单位。2006年又被列为全国重点文物保护单位。2012年由灵石县人民政府投资全面修复。

介 林

　　介林，俗称神林，位于灵石城东马和乡张嵩村北的绵山脚下。相传在很久以前，这里是一片绵延数十里的莽莽林海，后因晋国忠孝仁臣介子推葬于林中，坊间视其为神，故而称之为"神林"。

　　据史书记载，春秋时期，"割股奉君"的臣子介子推，助晋文公即位后，不愿领取封赏，便携母隐居于此。文公得知后，便火速带领人马前来寻找，可苦苦找了一天一夜，也不见其踪影。无奈之下，就放火焚林逼其现身。岂料母子二人宁死不出，结果被活活烧死于两棵躯干环抱的柏树下。事后，文公差人将其尸骸葬于此地，并赐绵上（即绵山至今沁源县西部）方圆山上山下的千亩良田为其封地。从此，绵山和这片林地便有了"介山"和"介林"之称。

　　传说在介子推葬后的第二年春季，晋文公前来拜祭介臣时，见山上山下被大火烧过的地方出奇地滋生出很多幼柏，心下不禁大喜。这时，有村人禀报说，昨夜介神（介子推）托梦，毛驴助他种柏，拜托各村家户给毛驴添加草料。文公听后很是疑惑，旋即便挨家挨户去查看毛驴，果不其然，毛驴个个大汗淋漓。文公一时哽咽，悲痛不已。

历史风华

介林

于是下令每年在此时日，禁火寒食，以祀介公。从此，民间便有了清明寒食这一传统节日。

由于介子推如同神灵一样在百姓心目中深深扎着根，从春秋时期起，历朝历代对其墓地均有增建。据当地有关史料显示，秦汉至隋唐时立碑者甚多，终至清代中叶，墓地修造已具规模。即墓丘高丈余，周围圈有护墙与青石栏杆。墓前建有神道、神台、神庙（即介庙）、石牌坊等，且碑楼亭台林立，占地面积达2500平方米左右。其中，介庙由周围18个村轮流执管，并于每年的农历七月十三日设有庙会，届时，四方香客信徒接踵而至，当日在庙中上供敬香，隔日恰逢当地传统鬼节（即祭拜亡灵的日子），远远近近的乡民都会到介墓前摆上各样供品，焚香叩拜。可惜，偌大林海被惨无人道的侵华日军砍伐一空，庙宇被烧毁，所幸留下一些珍贵的碑碣，诸如宋神宗的圣旨碑、山西巡抚葆亨、赵二巽的奏章碑，慈禧及光绪皇帝圣谕和礼部批文碑，以及屈原、王昌龄、孟元卿、顾炎武、傅山、王世贞等历代大家名流的诗词歌赋碑。这些具有较高历史价值的碑石，能够保存下来出乎人们的意料。

然而，这片荒芜了数十年的林带，时至 20 世纪 80 年代方才迎来生机。当地乡政府倡导并规划，栽植了大批树木。至 2003 年，又由当地神林苗木有限公司先后投资 600 余万元，将介林的空地（即今属灵石境内的地段）全部种植了松柏等各种树木。至 2008 年，山西介子推故里旅游有限公司又投巨资，对介林、墓地、介庙及山门等进行了全面修复并对外开放。

历史风华

介 庙

　　介庙位于灵石城东 17 千米处的张嵩村东，为介林（即神林）中的主要建筑之一。该庙创建年代不详，一说始建于春秋，一说建于秦汉，还有一种说法为隋唐所创，但三种说法均无从考证。据有记载的史料曰：宋元丰元年（1078），宋神宗封介子推为"洁惠侯"，遂敕命重建庙宇。元大德七年（1303），庙宇因地震塌毁，后于至元元年（1335）重修。至至正二十二年（1362）再次重修。明嘉靖十七年（1538）增建大门、二门、过厅及廊庑等。至清朝历代均有修缮记录。至 1942 年后，庙宇建筑先后被侵华日军全部烧毁而沦为一片废墟。2004 年，由当地民营企业家依据明清建制在原址重建。

　　该庙在明清时期的规模十分壮观。据有关资料可考，其整体建筑坐北朝南，中轴线上依次建有木牌坊、大门、影壁、二门、戏楼、抱亭、正殿、后殿。木牌坊左右，立有一对铁斗木旗杆，两侧分别建有马棚；大门为砖碹拱形门洞，进深 2 米，门额悬有"千古寒食"木匾，顶部筑有砖砌花栏；影壁正面壁心雕有祥龙与翘首的四条凤爪，背面刻有"忠孝千秋"四个大字，左右两侧各有石狮一尊；二门设在戏楼下方，

为方形砖砌门洞，通向抱亭院落；戏楼东西两侧建有钟、鼓二楼，其楼下各有窑洞一孔，门开北向；抱亭建在一个小方台之上，由内外八根木柱擎顶，顶部灰瓦脊兽，飞檐四挑，下方四角，各植牡丹花一株，其茎秆粗壮，花大如铜盘，人称神花；正殿为砖木结构，面阔三间，进深六椽，前后开门，可入得后院，左右建有偏殿。正殿正中为介子推坐像，须弥座下左右各有两名武士护卫，东西山墙绘有双龙壁画；左右偏殿为送子娘娘殿和牛王殿。后殿建于高台之上，面阔三间，廊檐下的东西两侧，各有石碑一通，殿内正中为介母塑像，左右两侧为介弟与介妹（妬女）。后殿东侧的窑洞、楼房为庙祝之所，西侧的房屋为当时18村轮流管护庙宇和祭祀活动的议事之所。正殿与后殿两院一侧建有三清殿，内供玉清元始天尊、上清灵宝天尊、太清道德天尊塑像。此外，在庙宇的东墙外，有房屋20间，曾为附近各村联办的学堂，据说清初傅山先生在这里传艺讲学，并留有其为介庙题书的"山林埜趣"匾额。

介庙内景

　　重建后的介庙，殿宇巍峨，飞檐四挑，楼阁高耸，亭台林立，气势很是壮观。虽与原建制在某些细节上有所差异，但主体建筑基本保持了原有的风貌，于2008年全面对外开放。

石 膏 山

　　石膏山位于灵石城东南 35 千米处，地处晋中、晋南与晋东南交界处，与著名的绵山、灵空山鼎足而立，为黄土高原上一座风光绮丽的览胜名山。

　　石膏山，并非蕴藏石膏的矿山。据《石膏山志》载，其山"石中流津，喷液如珠似玉"。又曰："石膏者，乃熔岩钟乳也。"相传，山上曾有一位医术高超的白衣婆婆（又称白衣大士），常常在夜里出山为附近村里的姑娘媳妇们治病，且手到病除，分文不取。后来她在山上溶洞坐化，石液抱裹其身。于是，坊间便赋予这"神液"以"膏山活石"的美誉，石膏山的名字也随之著称于世。

　　石膏山历史悠久，人文资源丰富。早在汉唐时期，由于山上有灵沁古道，又与秦晋古道（即韩信岭古道）相连，因此，历史上由此过往的帝王将相、达官显贵及文化名流不计其数。据载，汉文帝刘恒从代邸前往长安即位时，就曾在石膏山东侧的山上驻跸过，此山在刘恒死后改名孝文山。北魏孝文帝元宏由平城迁都洛阳时，也曾路经灵沁古道，并在孝文山建有临时行宫。传说石膏山西峰东侧崖壁上的"龙

石膏山风光

历史风华

门"二字，即为魏孝文帝元宏亲笔所书。还有宋太宗赵炅（即赵匡义），曾率部扎营石膏山下，并与其随从谋士赵普于石上对弈。后来，人们将其驻扎过的山沟取名为棋盘沟，又将沟上方的崖峰称为"龙岩"。现在沟内那块石棋盘尚存，石上线条纵横，已模糊不清。

至明代，佛教文化开始渗入石膏山。据载，明洪武八年（1375），五台山的正道高僧云游至石膏山，目睹此山群峰突兀，巉岩峭壁，清涧流水，漫山叠翠，一如蓬莱仙境。旋即生出在山上弘扬佛法之念，并在白衣大士塑像前许下创建寺宇的心愿。四年后，下岩白衣庵落成，开石膏山佛门香火之先河。之后，正道和尚又请赵姓山主布施山地于佛门，赵山主欣然应允。于是继白衣庵之后，在下岩创建了铁佛殿，香火开始兴盛起来。而后不久，又在上岩东洞创建了龙王殿。有明嘉靖五年（1526）的铁碑记载曰："境域远近地方，或遇天高，赤阳下火云燎处，家家忧容，户户懊恼。乃有善信厚祭，必去此山拜，祈圣求水，至灵有感，随处普降甘霖，万民乐业，无伸答报。"至明崇祯十四年（1641），石膏山佛门主事又在下岩创建了天竺寺。其寺名始于清顺治三年（1646），原名不详。至雍正八年（1730），石膏山僧人普深见下岩寺庙拥挤，便将天竺寺迁至中岩。这一时期，石膏山寺庙的香火最盛。据旧《石膏山志》载："全寺扬板敲典过堂上殿者四十余僧，朝夕功课精进不厌。"每次朝山，四方香客数以百计。也就是从这时候起，石膏山渐渐名扬四方。

相传清顺治十四年（1657），明末清初思想家、著名学者傅山先生携子傅眉慕名游览石膏山时，即兴在后寨门"义蜂"巨壁上题下一首《义蜂》的五言律诗。诗云："群蜂失共主，浩荡往来飞。苦螫撩人打，甘心得死归。穿花红乍落，入林绿全腓。烧睫君臣泪，无从湿道衣。"对此，古今前来登山的文人墨客无不驻足品味。

石膏山自然资源雄厚，风景绝佳。正像有人概括的那样：美在山，贵在树，灵在水，奇在洞。

这里的山，千嶂叠翠，一碧如洗。主峰海拔 2500 余米，其东西两翼蜿蜒起伏的山峦，仿佛巨人伸开的两臂，形成一道天然屏障。春天，漫山盛开的奇花异卉，姹紫嫣红，妩媚含笑，点缀在灌木丛中，映日成彩，蜂飞蝶舞，径幽香远；入夏，春意不去，依然碧波荡漾，葱葱茏茏，气候尤为可人；秋季，满山红叶，层林尽染，紫黄绿蓝，间杂其间，织成一幅绚丽神奇的天然画图，撩人心扉；冬来，山披白纱，树戴梨花，一如童话世界。无论你何时登山，都会情随景骋，心旷神怡。

这里的树，四季葱郁，密集成林。方圆 75 平方千米拥有树种百余之多，且分布有致，各有千秋。

山麓是葱茏茂盛的灌木林带，主要生长着荆、榛、刺榆、山桃、杞柳、杜鹃、沙棘等，密密匝匝，一丛接一丛，一片连一片，置身其间，仿佛游于大海一般。

山腰是挺拔高耸的阔叶林带，主要有杨、桦、栎、枫、椴、槭等阔叶树木，形态各异，竞相攀比。林中间杂着一些不知名的藤本植物，攀附着乔木向上延伸，且时有山鼠野兔出没，令人浮想联翩，野趣横生。

山腰之上，进入针阔叶混交林带。藤本植物可能由于气候原因，不见了踪影。展现在眼前的是长势尤显特殊的松柏，有的生于断裂石缝中，有的悬在陡崖峭壁间，真不知它们如何扎根，如何吸收水分，倒也长势不逊。

从罗汉顶至北山脊，是纯针叶林带，万木笔挺，直刺云天，主要有白皮松、杜松、落叶松、云杉等。其中杜松和白皮松为此山特有的树种。前者是具有较高观赏价值的一种风景树，形同宝塔，四季常青；后者为国家二级稀有保护植物，躯干笔直，白如冬雪，枝叶繁茂，绿如翡翠，既可用材，又可供观赏。另外，从山麓至罗汉顶，自上而下形成丰富多变的植被，层层叠叠，尤其在阳光的直射下，很是明暗得体，不禁使人为大自然如此这般典型的造化而动容。

这里的水，四季涌溢，清澈晶莹。有奇妙的清泉，有潇洒的瀑布

275

涧流，还有只闻水声潺潺，不见奔腾的溪流，它们各行其道，然后汇入天河（仁义河），将两岸的奇峰怪石和灌木翠柏尽摄其中，织成多姿多彩的飘带，缓缓向西南流去，投入滔滔汾水。

此外，在山腰的一处岩壁下，有一口铁钟倒坐在地上，径口不过1米，深1米许，钟内水清见底，常年不涸不溢，这便是石膏山著名的奇观"钟泉澄澈"。相传，这口钟是两只玉兔奉广寒宫嫦娥旨意抬往石膏山寺院的，不料路遇凡人受惊，将钟丢弃于此。于是落地生泉，

旱涝无妨，成此"神钟"。古往今来，游人至此，都要痛饮几口钟泉神水，以企消灾祛病。

　　这里的洞，溶涧巧布，千奇百态。山体中人小十余个洞，其中，在海拔1500~1800米处的岩壁间，自上而下分布着三层石灰岩洞，中、下岩较大，长宽高均在十余丈上下，石膏山的寺庙便全部建在里面。经年累月，不被风蚀，不受雨浸，可谓别有洞天。

　　石膏山步步有景，处处生辉。除上述景致之外，还有膏山活石、

277

历史风华

莲池净泉、龙潭神泉、茅庵洞天、罗顶松涛、松塔玲珑、云路横空、回望柏龙、天门雄姿，以及前面提及的钟泉澄澈，为石膏山著名的十大奇观，自古为游人所青睐。

还值得一提的是，石膏山的气候千变万化，云雾无常。有山下倾盆大雨，山上万里无云的景象；亦有山巅淅淅沥沥，山下风和日丽的奇观。如遇雨季，更是变化多端，时而阴云密布，时而雨过天晴，置身南天门之上，居高临下，便可领略"身居艳阳九天，下视人间云雨"的绝妙。

石膏山于20世纪90年代初被命名为"国家森林公园"。2002年由当地民营企业家投资进行了前期规划与开发。2007年至2011年，在进一步科学规划的基础上，先后投资数十亿元，开发出"红叶、龙吟、天竺、卧龙"四大旅游区70多个景点，并对原有寺庙进行了修复或重建，于2011年9月正式对外开放。2014年石膏山被评为国家AAAA级旅游景区。

石膏山天竺寺

天竺寺位于石膏山中岩（杆树岩），始建于明崇祯十四年（1641），最初建在下岩，原名不详，顺治三年（1646）始名天竺寺。至清雍正八年（1730），该寺由下岩迁往中岩。光绪十八年（1892）重建。民国年间，毁坏殆尽。2004年重建。

天竺寺的殿宇，由于环境特殊，分别建在岩洞的上下两层。上层为后殿，高于正殿1米许，上下由七级台阶连通。正殿建在后殿下层的中轴线上，东西两侧建有配殿。正殿面阔五间，进深4米许，内供观音、文殊、普贤三尊玉佛。东西配殿面阔均为三间，内设佛龛。东配殿门匾为"养性"，西配殿门匾为"静心"。正殿前设一尊铁铸大香炉，长1.5米，宽与高均为1米，上刻"天竺古刹"四字。殿宇之东南有房舍两间，为僧人起居之所；西为碑廊，靠崖壁立有古碑数通。出碑廊即为便门。

便门又称俗门，设在西向，并非寺院大门。其大门为垂花门，建在寺院的南北方向，门外不远处为悬崖绝壁，边缘护有木栏杆。自古都是从便门进去，再绕垂花门进入寺院。因此，便门是通往寺院的唯

石膏山天竺寺

一通道，而显得格外重要。其门前有一条 4 米左右宽的通道，依山傍崖，外护青石栏板。旁边有一块不很高的石碣，上书"天竺寺"三字。便门紧依崖壁而建，为拱形门洞，进深约 6 米。门额镶有傅山先生当年所书的"山林埜趣"四字。门洞之上建有一座玲珑别致的四角亭，内悬古钟一口，为明代所铸。据说此钟是该寺唯一幸存的物件。

修复后的天竺寺，青砖黛瓦，殿宇亭阁，飞檐四挑，画栋雕梁。2007 年被列为灵石县重点文物保护单位。近年来，随着石膏山景区游人的不断增多，每天前往寺内敬香叩拜的佛教信徒络绎不绝。

石膏山白衣寺

　　白衣寺，古称白衣洞，又名抱佛洞，位于石膏山上岩之西洞内，该寺历史悠久，自古以洞穴为载体，内供白衣菩萨坐像一尊。据说曾建有殿宇一间，但无任何记载。

　　白衣菩萨是石膏山佛门开山之鼻祖。据旧《石膏山志》记载，明洪武八年（1375），五台山僧人正道在下岩始建白衣庵，从此，佛门在石膏山落脚，渐渐兴盛起来。

　　传说在很久以前，石膏山上住着一位白衣婆婆（又称白衣大士），医术很高，常常在夜里下山为附近村里的姑娘媳妇施药医病，且药到病除，从不收人钱财。人们都以白衣婆婆呼之，但不知其所居何处。一日，有位上山砍柴的农人，见其在石膏山上岩洞跏趺而坐，遂施礼问道："婆婆在此居住吗？"答曰："不定。"言毕不见了踪影。砍柴人见状很是诧异，便急匆匆跑回村里将此事告诉人们，待大伙一起上山寻找时，见其已在上岩洞中坐化。

　　后来，上岩溶洞中突然石中流津，喷液如珠似玉。其液"似石非石，似膏非膏"，抱裹了白衣大士之真身，但无人知晓此液为何物，故而

视之为"神液"。后来便因之将原名"石高山"的"高"字，改为"膏"而成为"石膏山"。至道光初年，洞内石像被膏液渐渐掩埋，石膏山僧人悟禅见状，便请人依照白衣大士的真身重新雕造了一尊石像陈于其中，以供人们继续朝拜。据说清乾隆时，顶壁上仍有碗大的一个口子在流津，渐渐闭合后，周围显现出一幅酷似森林的浮雕图案来。

　　白衣石佛，一直在简陋的洞穴内延续了数百年，直至 2007 年，寺宇才得以重建。现在，其洞内青石墁地，设有木制香案，洞口两侧绘有壁画，洞前建有古色古香的门楼，且描金绘彩，古朴典雅，庄重气派。

石膏山龙王祠

　　龙王祠，又名龙王洞，位于石膏山上岩之东洞内。早年间以洞穴为载体，至清康熙年间，山上僧人请人建过一间面积不大的木制房，门额有"龙王祠"木匾。后于民国末年被侵华日军烧毁，仅塑像残存。

　　龙王洞高约 5 米，宽 8 米，进深 10 米。其洞前入口处有四级红条石台阶，最下一级台阶侧，自然生长着一株松柏，苍劲挺拔；洞内曾供有龙王塑像，东侧有一小洞，不知深有几许，里面常年水声不断，洞口可见滢滢流水，洞壁上有古人用褚红色书写的"水龙宫"字迹。

　　此外，进出龙王洞时，可以看到在峭壁间有一株山桃树，主杆直径约 10 厘米，衍生出百十条分枝，成凤尾状向前伸展开来，每逢春暖花开时，粉红的花，碧绿的叶，俨然凤凰开屏，妙不可言，故而古人将其列为石膏山景观之一：龙凤呈祥。

　　龙王祠也是石膏山最早的佛门圣地之一。据说明清时期，每遇天旱，山下的村民都会自发地联合起来，由大村的纠首指挥，将各村的村民合编成四个方队，上石膏山龙王洞祈雨。

　　2007 年，随着石膏山的保护与开发，龙王祠也得以重建。现在洞

283

石膏山龙王祠

内塑像、香案及各类设施一应俱全；洞前建有山门三间，单坡双檐前插廊，且雕梁画栋，古色古香，很是壮观。

石膏山铁佛寺

　　石膏山铁佛寺位于石膏山下岩（万佛岩）内，始建于明洪武年间，由于当初下岩建有白衣庵、万佛寺、保安寺、天竺寺等多座寺庙，因此铁佛寺创建时占地面积很小。天竺寺迁往中岩后，铁佛寺有过一次大的扩建，从此下岩内的寺宇便统称为铁佛寺。可惜至民国年间，岩内的寺宇全部被侵华日军烧毁。现在下岩的铁佛寺为2004年重建。

　　重建后的铁佛寺规模宏大，气势壮观。其殿宇坐北向南，主殿为大雄宝殿，面阔5间，进深6米。内供竖三世佛像（即现世佛——释迦牟尼、过去佛——燃灯佛、未来佛——弥勒佛）。两侧建有东西廊庑，面阔均为三间。东廊庑内供东方三圣（即药师佛和日光、月光二菩萨），又称药师三尊；西廊庑内供西方三圣（即阿弥陀佛和观世音、大势至二菩萨），又称阿弥陀三尊。寺内正中设一铁铸香炉，长约2米，宽与高均1米许。香炉前还立有一个高达4米许的五层塔状铁铸祭祀香炉，底座为鼓圆形制，三爪两耳，直径约1.5米。此为寺内祭祀圆寂和尚的专用香炉。山门设在西向，门廊两侧立有四大金刚站像，其面目狰狞，形态逼真，栩栩如生。左右建有钟、鼓二楼。

石膏山铁佛寺

　　整个寺院除山门为青砖黛瓦外，殿宇廊庑黄瓦覆顶，古色古香。其建筑设计精良，布局考究，内外装饰古朴典雅，玲珑别致，具有浓郁的传统文化气息。

西许周槐

　　西许周槐位于灵石城东南 35 千米处的西许村中，东临石膏山，西傍仁义河，南望翠屏山，西偎韩信岭。山环水绕，山清水秀，为前往著名旅游胜地石膏山的必经之处。

　　据现存的清乾隆三十九年（1774）碑文记载，此槐"植自周初，历及清时，树以伐而仍留，地以和而属公"。其高约 18 米，胸径约 7 米，东西与南北冠幅约在 11 米，地面杂乱交错的粗细根系延伸至周围 30 米以外。另外，在离地面高约 2 米的躯干上，有一个径口尺余的大洞，可以容纳五六个人。从有关资料可知，此槐早于太原晋祠的周柏和介休秦树村的秦柏，为山西省最古老的树木之一，迄今已拥有近 3000 年的历史。

　　然而，该古槐虽满身沧桑，但每年依然新枝勃发，树冠葱茏，成为远近闻名的一大奇观。

　　值得一提的是，抗日战争时期，附近南河村支部的重要文件和枪弹等物件都藏在树洞里，而且每遇到紧急情况时，三五人的秘密会议大都在树洞内召开。据说有几次村里的地下党员就是藏在树洞里躲过

西许周槐

日军搜捕的。这些活生生的事例，为古槐平添了富有传奇色彩的人文内涵。

1993 年，县人民政府为保护古树的根部，在周围筑起 1 米多高的一个平台，面积 100 平方米左右，平台内回填了优质沙土，表层石材筑砌，四周护有栏板，并在古槐北侧建立了一座古色古香的卷棚顶"革命纪念碑亭"，为古槐悠久的历史注入了浓郁的人文气息。1994 年，该古槐被列为县级重点文物保护单位。

红崖峡谷

红崖峡谷位于灵石城东 17 千米处的马和乡小柏沟村东，因谷中红色岩石居多而得名。该峡谷东依太岳山，西望汾河水，北与绵山毗邻，南与三清寨接壤，总面积 28 平方千米。谷内峰峦迭起，逶迤绵亘，山崖陡峭，气势雄伟，且水源充沛，山泉涌溢，万花千草，四时交替，多本植物各显风骚，珍禽百兽遍布山间。还拥有奇特的峡谷、亚高山草甸、原始次森林、各类飞瀑等景观。为黄土高原不可多得的一处原生态风景名胜地。

据科学考证，该峡谷为中生代时期所形成的山地，加之经过上亿年水流的溶蚀，最终形成现在的喀斯特地貌，迄今大约已有一亿三千万年的历史。

红崖峡谷凭借大自然神奇的造化，被誉为"华北绿肺"和"世外桃源"。它的美，在雄、在奇、在险、在幽、在秀。

雄在牛角鞍主峰海拔 2566.6 米，超越太岳山巅峰。登临其上，可一览周围的山水田园风光，尤其可领略到一望无际的亚高山草甸，且置身其间，仿佛沐浴在大海之中一般，让你备感心胸开阔，神清气爽。

红崖峡谷亚高山草甸

这便是红崖峡谷最具特色的奇观之一。

奇在怪石嶙峋，步步有景。当徒步进入长达3.8千米的峡谷时，奇峰怪石琳琅满目，遍布谷间。有层层叠叠的崖壁，像人工的杰作；有面目狰狞的巨石，形似雄踞的猛兽；有千姿百态的红色岩石，纵横山谷，成为主角；还有大小不一的石灰岩石、花岗岩石，等等，可谓五花八门，无奇不有。沿谷深入，里面有被称为夹板沟的"一线天"奇观，有含而不露的大岩洞，有落差各异的瀑布群，还有幽深莫测的原始次森林带等，都会让你情趣涌动，意兴飞扬。

险在悬崖峭壁，人迹罕至。在陡峭的半山腰间，有几处上面是延伸出来的悬崖，下面是落差数十丈的深渊，据说崖里面生长着极其珍贵的中药材灵芝，但自古以来却鲜有人去攀摘。此外，还有许多名贵的中草药材，也都生长在那些壁立千仞的崖缝间，自古不知有过多少上山采药的杏林志士，皆望而却步，叹息离去。

幽在漫山叠翠，曲径深深。一丛一丛的树木，冠大体健，密密匝匝，掩埋着一条又一条弯弯曲曲的羊肠小径，穿梭其间，仿佛游于大海，别有一番情趣。

秀在山青水美，四季丽装。春天，万木葱茏，一碧如洗，谷底清

291

历史风华

澈的溪水婉转低唱，两侧绽放的奇花异卉，引得蜂飞蝶舞，相映成趣；入夏，春色不去，日高气爽，树林里知了和飞鸟的歌声，汇成美丽动听的交响；秋天，染遍山谷的红叶，洋溢着浪漫的激情；冬来，山披白纱，树戴梨花，置身其间，一如徜徉在童话世界。无论何时步入峡谷，都会让你情怡性悦，神思缕缕，陷入无尽的遐想。

2010 年，该峡谷由当地民营企业家投巨资进行了全面开发，先后开发出 6 大区 89 个景点，并配有相应的旅游基础服务设施，于 2012 年 10 月正式对外开放。2014 年被评为国家 AAAA 级旅游景区。

三　清　寨

　　三清寨位于灵石城东马和乡尽林头村东侧，属太岳山脉。东连灵空山，西望韩信岭，北与红崖峡谷相邻，南与石膏山接壤，是一座美丽的自然风景名胜地。

　　山上峰峦叠嶂，怪石嶙峋，万木葱茏，一碧如洗。主峰海拔 2506米，周围群山簇拥，平均海拔 1600 米。据有关部门的资料显示，这座尚未开发的风景胜地，占地面积达 1.2 万亩，森林覆盖率达 97% 以上。拥有木本植物 44 科 233 种，其中针阔叶木本与灌木居多，遍布山间；珍稀木本主要有水曲柳、栾树、茶树等；草本植物 62 科 500 余种。野生动物资源 166 种，其中兽类 46 种，禽类 120 余种，受国家级保护的动物有金钱豹、原麝、林麝、猫头鹰、狐狸、山猪、山羊等。水资源除山麓和沟壑遍地泉涌外，山上有四季流淌不断的"三清圣水"和落差 40 余米的自然瀑布。

　　三清寨历史悠久，人文资源丰富。相传宋朝时期，宋太祖赵匡胤送妻返京途经此山，突然被一伙匪人拦住去路，欲将其妻带走，随从几人上前刀枪阻挡，但因寡不敌众败下阵来。就在此时，一位白发老

293

历史风华

三清寨风光

历史风华

翁从天而降，口吐一股青烟，便让匪徒们一个个立马昏死过去。太祖正要上前言谢，却不见了老翁的踪影。事后，为答谢天神的大恩，宋太祖便许愿在山上建造一座三清观。可由于边境战事接连不断而迟迟未能了此心愿，后来又不幸身染重疾，无奈之下，只好将此事托付给弟弟赵光义（即赵匡义）。待赵光义（即宋太宗赵炅）继位后，遵兄遗愿差役办理此事，结果来人走错了地方，误将建观银两送与石膏山而搁浅下来，直至宋太宗之子赵恒（即宋真宗）即位后方才在山上抱腹岩建成了三清观。据说，宋、元、明时期，观内香火十分旺盛。

然而，至清顺治元年（1644），绵山抱腹寺侯和尚反抗清廷被击败后，无处落脚，便退至山上据观为寨，随之，山名也因此而称为"三清寨"。现在，观宇虽然被毁，但遗址及当年营寨用过的插旗石、瞭望台、吊桥等遗迹尚存。有关这段富有传奇色彩的故事，至今一直在坊间流传。

三清寨步步有景，举目成趣。其自然景观主要有屏风山、滴水岩、葡萄沟、三叠瀑、玉带、白云仙洞、全佛岩、悬棺岩等。此外，山上奇峰怪石，崖壁千仞，四季葱茏，处处洞天。春夏，这里是绿色的天堂。其间，万花传情，溪水轻吟，飞鸟欢唱，蜂蝶漫舞，一派世外桃源的景象。秋天，这里是红色的海洋，铺天盖地的红叶，夹杂着紫黄蓝绿，织成一幅绚丽隽永的画图。冬天，这里是白色的天地，山是白的，树是白的，飞瀑是白的，阳光是白的，一如梦幻世界。无论你何时登山，都会心旷神怡，浮想联翩。

据悉，当地政府正在积极筹划三清寨的综合开发事宜，相信在不远的将来，这一未出阁的"闺秀"，便会以别样的姿态与世人会面。

附录

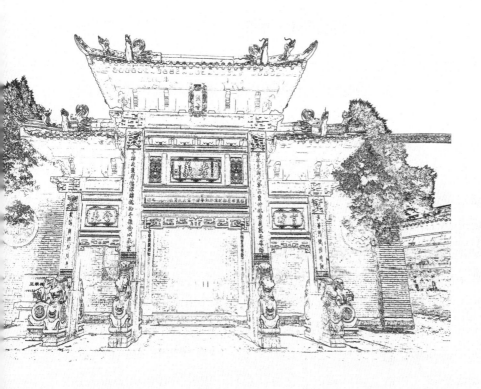

附录一　历史传说

灵石口的传说

相传很久很久以前，晋中盆地是一片水，叫晋阳湖，常常泛滥成灾。到了大禹治水的时候，大禹想把湖里的水空走，可是怎么才能做到呢？大禹想呀想呀，怎么也想不出办法来。

有一天，大禹乘着龙舟在湖上一边饮酒赏景，一边想着治水的办法。正在他想得出神的时候，忽然刮起了大风，掀起一阵一阵的大浪，刮得龙舟都摇摇晃晃的。这时候有一只打鱼的小船，被刮得东倒西歪，眼看就要翻了，船上打鱼的是位姑娘，正在惊慌失措地撑着、撑着。这情景被大禹看见了，他命令龙舟赶快靠近渔船，把打鱼姑娘救了上来，那条小船转眼就被一个浪头卷得无影无踪。

大禹看着被救上来的姑娘，更加坚定了他要空出湖水的决心，不由得又陷入了沉思，姑娘看着大禹若有所思的神态，上前说道："禀谢恩人，请问您在想什么呢？"大禹回答道："我在想怎么才能把湖里的水空走呢！"姑娘随口道："这有何难！"说着捡起一块小石头，向大禹盛酒的坛子扔过去，坛子被打开了一个缺口，里面的酒便从缺口中流了出来。大禹看到姑娘的无理举动，心中有些生气，正要责备时，姑娘忽然不见了。

大禹觉得这件事有些奇怪，回头看看被打破的酒坛，想着想着，忽然一下子明白了，高兴地说道："啊！只要能打开一个缺口，不就能把湖水空出来了吗？"于是大禹和百姓们一起开山凿石，打开灵石口，空出了晋阳湖。从此，晋中平原才定居了人类，长出了花草树木，有了乡村城镇……

（续秀梅搜集，朱明生整理。选自《灵石故事集成》）

韩信岭的传说

韩信岭在灵石城南十华里处，山势峻拔，峰巅万仞。古时候盘山岭上有一条车马驿道，是南北往来的必经之地。岭上有韩信墓，墓前有韩信庙。这在当地可以说是家喻户晓，妇孺皆知的事了。那么，灵石为什么会有韩信岭、韩信墓、韩信庙呢？

韩信岭本名高壁，传说当年辅佐汉高祖刘邦统一天下的大将韩信，率兵在安邑一带生擒了叛汉降楚的魏王豹之后，又发兵攻取赵、代两国。在开赴井陉时，途经灵石一带，适遇代相国夏说营垒，两军交战一个整日，是夜，韩信擒夏说扎营于高壁。后来人们为不忘韩信功勋，便将高壁改名韩信岭。

至于韩信岭上有韩信墓，也属巧合。传说韩信那次离开高壁之后，多次出战，屡战屡胜，终于助刘邦得到了天下。可后来刘邦的嫉贤妒能使韩信大为伤感，整日待在家里闷闷不乐。一日，韩信的好友陈豨被拜为巨鹿太守，临行时往韩信舍下辞别，陈豨借机向韩信求援，道出了日后在巨鹿积蓄力量，图谋天下的意图，韩信思量再三，答应内助。汉高祖十年，陈豨果然勾结匈奴举兵造反。消息传至京都，刘邦一怒之下，亲自率部征讨。当时不少大将都随刘邦而去，唯独韩信心中有数，称病不去。刘邦走后，韩信为配合陈豨造反，有一天夜传假诏，赦免了在宫中服役的罪犯和奴隶，并指使他们偷袭吕后和太子刘盈，不料这事被舍下一位门客的弟弟走漏了风声。吕后闻知，即刻召来萧何计议了一番，为能把韩信骗进宫去，二人假装陈豨已除，有人从高祖那里回来报喜，让群侯进宫朝贺。韩信本来对此犹豫不决，但经萧何再三劝说，结果还是去了。岂知刚走进宫门，吕后就说他大逆不道，谋反有罪，接着令早已埋伏好的刀斧手将其绑了，杀害于未央宫。事毕，吕后将韩信的头装在匣内，派人东送于刘邦验证。行至高壁，正遇刘邦由代地还师至此。刘邦见过匣内韩信的头颅，且喜且哀，遂令人就地安葬。据说当时不少将士对韩信之死悲痛欲绝，为略表寸心，每人一掬土，在埋葬韩信首级处很快堆起一个小山似的墓丘，这便是现在人们见到的韩信墓。

所以，前面关于韩信岭之名的来历，在当地还有一种说法，即因韩信墓而得名的。

墓前的韩信庙是后来人们为了纪念韩信而于金代明昌年间建造的，现在庙宇已毁，仅留下正殿三间破屋。

（王道安搜集，侯廷亮整理。选自《灵石故事集成》）

秦王岭的传说

在灵石县夏门镇的西南处，有一座很高大的山叫秦王岭。古时候，山上有一条连接秦晋的古驿道，因其地势险峻，易守难攻，被历代王朝视为南北交通的一道重要关口。

相传，李渊在长安建唐立都后，为了巩固刚打下的江山，封其子李世民为秦王，并派他攻取霍邑后驻守于这道关口。后来，李世民即位，天下太平，百业俱兴，当地人为了不忘这位开明君主的足迹，便将此山取名"秦王岭"。到了清朝，面对朝廷的腐败，人们盼望有一位像秦王李世民那样的圣明君主出现，便纷纷迁到岭上居住，渐渐形成了村庄，叫做秦王岭村。

（王道安搜集整理。选自《灵石故事集成》）

石膏山的传说

白 衣 洞

灵石石膏山上的古老山洞，有的平平常常，就是常见的那种石洞；有的稀奇古怪，很不一般——说它不是石头吧却硬硬的，说它是石头吧可又像是稀面糊糊淋淋漓漓流落而成的。有的流成了莲花瓣瓣一样的扇面水池，有的流成了各种形状的飞禽走兽。念书人说那是什么钟乳石，是什么溶洞，虽说没有桂林的芦笛岩那样好、那样大，可都是一种类型。白衣洞就是这种山洞，因为有白衣菩萨在这里得道坐化，才叫做白衣洞的。

相传白衣菩萨原是汾州孝义县如来村人，谁也说不清他姓甚叫甚，只知道他母亲生他时夜梦一道白光入怀，就从右肋生出他来。当下屋里院里白茫茫一片，像雾、像气、像云，却怪香怪香的，三天不散。

白衣菩萨自幼喜欢静坐，长大后不婚不娶，倒常常劝人行善，在家修行五十年，后来离乡出游。一天，路过西里村、令狐村一带，遇一女子在河边洗衣，那女子长得如花似玉，那眉眉眼眼和身材就像是王母娘娘专门用细白面捏成似的。白衣菩萨看都不敢看一眼，那女子却借故上前，硬是眉来眼去地纠缠。他好不容易脱身后，听说石膏山山高林深，有洞有泉，便横下心来要入山修炼。

白衣菩萨初上石膏山时，住在朝阳洞内（就是如今的养性茅庵），三十多年中，他白衣白裤、白鞋白袜，外表看就像个妇道人家。他喝山泉，吃野果，闲来采得各种草药，便下山给村里人治病，顺便讨点

301

饭食。

日久天长，村里人都知道石膏山有个"老医婆"，医道高明，有求必应，且分文不收，大家都很感激，可后来很长时间不见下山，人们便关切地问讯起来。

起初，有位猎人说，他看见那老医婆在山中采药。过了一段时间，这猎人又说他看见老医婆到山腰莲花洞内像是大洗了一番，然后返到上岩一个洞里去了。

又过了不久，有个砍柴人说他在上岩那个洞里见到老医婆端端正正坐在石壁前面，便问："医婆就住在这里吗？"答："不定。"接着又问了许多，却是一言不发。砍柴人近前一看，又用手去摇拽，那医婆慈眉善目，一动不动，只是凉冰冰的，不再开口。

村里人听说医婆修炼成了真身，念其多年救生之恩，便商量给他修庙，可是还没有动工，医婆的真身已被岩壁化成的石糊糊严严实实地封裹起来了。那石糊糊自自然然地流了下来，像打了褶褶的绸缎，像妇人穿的裙裙，果然好看，念书人说这石糊糊叫做石膏，这山名就因为这些如膏脂般石糊糊的出现，便慢慢叫成石膏山了。

白衣洞到底有多深？谁也说不清。人们只说在白衣菩萨的真身面前曾建过一座小庙，还塑过一尊石像，但这庙和石像后来又被石膏糊糊流下来遮住了。到清朝乾隆年间，据说还有一个小口能看到里面的供桌，可后来也被遮住了。

医婆活着时给人们精心治病，死后依旧留着一片善心。早些年，人们常从石洞内抠一点石面，或从石洞外拔一苗小草，据说都是神药，都能治病。甚至天旱时到白衣洞求雨，也还要多少下点。所以又有人说，白衣菩萨实际上是观音菩萨的化身，也有人说白衣菩萨原来是一位好僧好道。

青 云 路

石膏山有"云路横空"一景。这云路就是青云路，像一架梯子那样，挂在高高的南天门到上岩那段石壁上面，五十三级台阶，窄溜溜的，常年云雾缭绕。崖边用青砖砌成短墙，筑有垛口，人们小心地从这里上下，探头看看下面，不由胆战心惊。

相传这段路原来是用木头架设的，因为年代长，慢慢断了，这就使那些拜佛的、敬香的、朝山的、游玩的都没法子上到上岩，没法子上到石膏山最高的地方了。后来有个叫赵积庆的善人，一心要打通这段路，便雇了石匠去凿，可是石头硬邦邦的，凿了七七四十九天，还是收效不大。一日，赵积庆正在犯愁，忽然一位白胡子老翁来到他的面前，夸奖了一通赵积庆行好学善，之后说道："你不要再这样白下苦功了，我告你，还是用火烧吧。"说罢，一阵清风便不见了。赵积庆知道这是神仙指点，当下朝空三拜，下跪九叩，然后又请来众位匠人，商量怎样用火。果然，没有几天工夫，便打开了一条鸟道，凿下五十三级台阶。从此，来石膏山的人们，都要到这里从下往上走走，一来是"人往高处走"，盼日后步步登高；二来心存侥幸，也图有"青云直上"的一天。

舍 身 崖

石膏山南天门西侧，有一座齐棱棱的峭壁，峭壁上虽有鸟道，可人们大都不敢从这里上下。少数人大胆冒险，也只能是爬着上、蹲着下，提心吊胆，慢慢挪动脚步。这就是人们常说的舍身崖。

舍身崖虽然又高又险，可那石棱石畔、花草树木，倒是十分好看，尤其是每天日落时分，太阳光从西面射来，山上红红绿绿，深深浅浅，就像是谁画下似的。

相传，很久以前有个孝子，父亲早已下世，家里穷得叮当响，只有母子二人苦度岁月，母亲却又病卧在炕上，久治不愈。眼看到了无米下锅的地步，只得东求西借，像个叫花子似的到处点头哈腰。可是一连三日都是空空来去，那些有钱有粮的富户谁也不可怜他。

一天，他又出去求借，路上碰见一位老妇，问明缘由，那老妇说道：

"看来你是个孝子，你就到我家先拿点米吧，日后有了便还，没有便罢。只是看病之事你还是快上石膏山吧，石膏山上有个白衣洞，白衣洞里有位白衣菩萨，只要你诚心相求，你母亲的病准能治好。"说罢，老妇把孝子领到家中，给了些粮米。孝子千恩万谢一番，高高兴兴到母亲面前说明经过，又侍候母亲用饭之后，便携了香烛黄表，朝石膏山走去。

上得山来，找见白衣洞，当下双膝跪地，接二连三叩头，并祷告许愿，说只要能让母亲病好，自己就是舍身一死，也心甘情愿。

这样求得神药，回到家里，母亲服用之后，果然一天天好了，母子二人说不尽菩萨的灵验，道不完菩萨的恩情。孝子决心上山还愿，可到了菩萨面前，也只能多磕几个头，多祷告几句，手里还是空空荡荡拿不出一点东西。

出得洞来，一路左思右想，总觉得于心有愧，忽然想到自己当初许愿时说过的话，便又重返白衣洞内，再跪再拜，再祷告再谢，道是穷人一无所有，只有性命一条，如今母亲的病既然好了，我就是舍身一死，也没有怨言。说罢走到南天门外，上到那峭壁顶上，双目紧闭，纵身跳了下去……

这事传出后，人们为了纪念这位孝子，便把这处山崖叫做舍身崖了。

龙水宫

石膏山龙王殿西侧有一个水潭，虽不见水的来处，却是旱不涸，涝不溢，那水清凌凌的，甜丝丝的。早年间，有不能生儿育女的人们常常远路来到这里，就是为了喝几口这里的水，倒是很灵验。所以后来人也就把它算做一景，叫做"龙潭神泉"。

传说很早以前，石膏山缺水，天旱时更是滴水不见。白衣菩萨在这里演教，听经说法的人来来往往，却常常连凉水都喝不上一口，这让白衣菩萨十分苦闷。

一日，东海龙王带领全家老少来听白衣菩萨讲经。菩萨明知没水，却吩咐童子上茶。童子以实回报，菩萨不由得唉声叹气："可怜众生，远道上山，口干舌燥，却连点润唇之水也没有，这便如何是好！"说着又长长叹息一声，转问童子："没奈何呀，吩咐出去，就说贫山素来缺水，老僧不堪众生干渴之苦，从今天起暂停讲经。"

　　龙王听了，心里不由得着急，莫非今日白白上山一趟不成？当下开言："菩萨不必烦恼，饮水之事有我，今日我家妻小都来，你还是度化度化他们才是。"

　　白衣菩萨微微一笑："阿弥陀佛，善哉善哉，难为龙王这等心诚，我佛家别无贪欲，只要有了水，自当唯命是从，外面众生也就大大沾光了啊，还望龙王……"

　　龙王见这事不能容缓，便站起身来，走到白衣洞外，只见他一阵念念叨叨，指指点点，一池清水很快便出现在人们面前。自此，石膏山佛事更加兴旺，前来听经说法的人更多了。都说龙王为石膏山办了好事，大家就给他盖了一座小庙，把龙王供奉起来，并把这里取名为龙水宫。

　　　　　　　　（任重远讲述，温暖整理。选自《灵石故事集成》）

傅山与"义蜂"诗

　　明末清初，著名学者傅山先生所著的《霜红龛集》中，有一首题为"义蜂"的五言律诗，据说此诗是傅山当年途经灵石石膏山游后寨门时的感遇即兴之作。

　　相传，清顺治十四年（1657），傅山偕子傅眉从江南归来时，盘算着在中秋节前夕赶回家乡太原阳曲。一日，取灵沁古道行至石膏山，走着走着，便见对面山峰顶上浮云缭绕，将一面陡壁几乎遮掩，隐隐约约可见陡壁根底书写着偌大的三个字——后寨门。一时兴起，父子二人便折过山去。

跨进后寨门，便是那悬崖峭壁间的群蜂。傅山父子移步观望，只见石壁上密密匝匝排满了蜂窝。这时，傅眉由于好奇，便拉着父亲前去观看，不料惹得群蜂成阵，嗡嗡嘤嘤，迎面袭来，父子俩一时惊恐不已。

"群蜂布阵，谁人敢进？"傅山弦外有音，意蕴深长。

聪明的傅眉随口答道："来势凶猛，欲蜇撩人！"

语罢，傅山由前呼后拥的群蜂联想到无数反清复明的人，他们勇往直前，视死如归，不正像这来势汹汹的群蜂吗？感慨之下，遂吟律诗一首，而后欣然命题为"义蜂"。诗云："群蜂失其主，浩荡往来飞。苦蜇撩人打，甘心得死归。穿花红乍落，入林绿全腓。烧睫君臣泪，无从湿道衣。"

据说傅山一度以"义蜂"自喻，又以"义蜂"作为别号。

后来当地人为了纪念这位爱国志士，便在那块石壁上凿了"义蜂壁"三个大字，现在也有人管它叫"傅山壁"。

（赵长发搜集整理。选自《灵石故事集成》）

棋盘石的传说

石膏山西峰龙头岩北山门下，日观峰上有一座金顶红柱、小巧玲珑的八角凉亭。亭柱两侧有一副木刻楹联，上联："密荫绿满山野犹闻半部论语治天下"，下联："日照红深石前又见两代君王夸元勋"，正额题"纹枰论道"。说的是宋太宗赵光义与宰相赵普君臣对弈，在此留下精言妙语的一段佳话。

公元960年，北宋政权建立以后，宋太祖赵匡胤在巩固政权、稳定朝纲的基础上，开始了统一全国的军事行动。据《宋史》载：开宝元年（968）秋七月，北汉主刘钧病亡，其养子刘继恩承继王位。九月中，供奉官侯霸荣反上，将刘继恩杀死，拥立刘继恩的胞弟刘继荣为新主。宋太祖认为时机已到，决定御驾亲征，再次攻打北汉。开宝二年（969）二月初，命昭义军节度使李继勋为河东行营前军指挥，侍卫步军指挥使党进为副指挥，宣徽南院使曹彬为都监，出兵攻打北汉。宰相赵普佐太祖于军中兵发潞州，一直打到太原城郊。当时汾河水正值春汛暴涨，水军屡战不得手，加之横州团练使王廷义、殿前都虞候石汉卿、右仆射魏仁浦相继战死，连折几员大将，宋太祖不得已而班师。后来查明，汉室宗亲散指挥将杜延进勾结敌酋，通风报信，造成此役失败。太祖于十月将叛将杜延进凌迟处死，以祭死于太原城下将士的亡灵。晋剧《下河东》演绎的就是这一场战事，戏剧与史实尽管在人物、场景以及征战过程中的矛盾多有不同，但它从另外一个角度，经过艺术加工，再现了当时风云变幻、波澜壮阔的战争场面。

宋军兵退霍邑，宋太祖鞍马劳顿，早年身患风寒湿症所引起的关节肌肉疼痛越加严重，由于兵败气急，又频频出现尿血。赵普和御医不离左右，以待太祖康复。赵普，字则平，出身行伍。乾德二年（964）为门下侍郎、同中书门下平章事。太祖对赵普格外倚重，是因其战功卓著，忠心事君，早有委以重任之意，无奈赵普只顾礼仪，不谙诗文。乾德三年，太祖诏令赐赵普一部《论语》，并说"圣人之言，广开茅塞。虽百世，可知也。作相须读书人"。从此，赵普常伴《论语》昼夜不离。乾德四年，赵普入相，君臣相悦，情同手足。

霍邑休整期间，赵普闻石膏山地利润泽，百草皆可入药，亲自偕同御医上山，采到大批草药。其中，用艾炷针灸太祖的旧疾新恙，疗效极为显著，太祖病情日有好转。从此，每到五月初，皇宫都要派员上山采艾，专供御用。时御弟赵匡义患病，"帝往视之，亲为灼艾"。石膏山艾地置一赵姓留守，遂成后来"艾地庄"村民的始祖。

太宗皇帝即位后，继续进行统一北方的战争。太平兴国四年（979）春，太宗御驾亲征，前军以宣徽南院使潘美为总指挥，率河阳节度使崔彦进、彰德军、彰信军等，分四路攻打北汉。此时的北汉小朝廷已易主刘继元，由于内部纷争，国力衰竭，地方政府有名无实，朝不保夕。五月初，太原沦陷，太宗趁势荡灭盗贼流寇。中军到汾州地（今晋中南部）受到一伙蒙面匪徒的袭扰。已任太子少保的赵普亲自领兵追击，沿千里径古道进至石膏山才知道贼首自号"齐眉道人"，颇通一些巫术，曾任隆州守备。隆州败逃，他集散兵游勇，啸聚山林，打家劫舍。是夜，赵普率二百精壮营卒，攀岩附壁，出其不意打破后寨门，一举将残匪八十余人全部烧死在山上的岩洞中。赵普曾于乾德四年（966）任中书令时，上书诛杀妖道张龙儿等24人，他一生最恨游方术士妖言惑众的鬼魅伎俩，勒令此地永远不得修道观云云。

汾州节度使蔚进卢归降后，赵普佐太宗皇帝赵光义（即赵匡义）游历石膏山。遥见山上有一条岭脊，松柏苍翠，紫气东升。君臣在一块巨石上对弈，心情特别放松。太宗问赵普："先帝征汉，明知杜延进谋逆，还要用作散指挥将，何也？"赵普说："圣人云：知之为知之，不知为不知。"太宗认为此话出口，必定有他的道理。太宗接着又问："北汉新灭，北方尚有辽、燕、代、云十六州等，何日得归？"赵普说："先帝每对臣言，光义龙行虎步，生时有异，他日必为太平天子，福德吾所不及也。"赵普没有正面作答，太宗愕然，手中的棋子久久不能落地，沉吟半晌，才又问赵普："公以一部《论语》倒背何益？"赵普答："臣以半部佐太祖定天下，以半部佐陛下治太平。"太宗龙颜大悦，连连称善。

从此，便有"半部《论语》治天下"之说。他们下过棋的地方，得名棋盘石。嗣后，明嘉靖三十二年（1553）临济宗禅师孤月和尚在龙头岩西侧修建普塔院。赵普两朝为相，决事如流，卒封韩王。他在石膏山的趣闻逸事，在民间广为流传。

（李仁海搜集整理。选自《咏灵石故事选》）

汾水鸣湍

滚滚汾水，像一条洁白的玉带，纵贯山西，流向黄河。当你沿着蜿蜒的河畔来到灵石城西门外时，就会看到河畔立着一尊石墩，这石墩好像一个少年在随波戏水，侧耳细听，还会听到汩汩的声响，令人流连忘返，这就是旧时"灵石八景"之一：汾水鸣湍。这里还流传着一个优美感人的故事哩。

相传在明朝年间，灵石县城内有一个王员外，身边只有一子，取名王飞。父母请来名师教诲，王飞勤奋好学，十六岁便吟诗作画，弹琴写字，左邻右舍都称他为"灵童"。

王飞经常到西门外农庄田园和汾河畔散步赏景。起初人们对这富贵子弟远而避之，时间久了，见他与一般纨绔子弟不同，既不花天酒地，也不寻花问柳，渐渐对他有了好感。而这王飞看到田间农夫一年辛苦，到头却是食不果腹，衣不蔽体，内心有了同情之感，每逢来此，总要带些银两和吃食，分送农夫，归家的时候，总是心情忧郁地吟诵："锄禾日当午，汗滴禾下土。谁知盘中餐，粒粒皆辛苦。"抒发自己对农夫的怜惜之感。

初秋的一天早晨，凉风飕飕，王飞照例来到西门外庄园。他顺着一条渠埂走着，由于昨夜降霜，渠埂上湿漉漉的，不小心跌在渠里，谁知渠深畔陡，怎么也爬不上来。正在犯难之际，走来一位农家姑娘，急忙拿来一根长杆，将王飞救起。一打问，知道这个姑娘叫梅香。分别后，心中十分思念。一天中午，他顺着河岸慢慢散步，看见梅香正在破冰洗衣，两手冻得红肿，不由得心疼地问道："梅香姑娘，天气寒冷，何不在家取暖，是为何人受冻洗衣？"

梅香心中一阵悲伤，哽咽着叙述了自己父亲身亡，母亲染病，只靠自己忍饥受冻给人洗衣为生。王飞听得也觉可怜，便掏出十两银子，

309

权当一点相助之意。

梅香觉得自己没给人家洗衣缝补，不能收取银两，急忙摆手谢绝。王飞再三解释自己是真意相帮，并无他念，请千万收下。梅香见王飞说话诚恳，又想他平日里对人和善，给母亲买药也急需用钱，便说银两权当是借，收了下来。

自赠银之后，王飞一直没见梅香。一天中午，王飞正在书房读书，梅香前来送还相借银两，感谢难中资助。王飞听说梅香老母亲前日去世，独剩她一人，无处投奔，日月难熬，急急上房给二老说了说，便留下梅香当了女佣。

二老看出王飞和梅香有相爱之意，可是因为梅香出身低下，不配高门大户，赶快让媒婆给儿子说媒，订下了李大官人的小姐。王飞知道后，跑到梅香房内，抱住梅香痛哭一场。王员外随后赶来，指着梅香骂道："刁民贱女，竟敢勾引我家公子，快快滚出我家大门！"梅香气愤不忍，起身说道："我虽出身贫穷，但是一个清白之人，与公子平日亲近，已有婚约，为父竟然绝情，骂我刁民，既然如此，就此走了。"说罢，径直出门而去。王飞急忙托门人打听梅香的下落，掌灯时分，门人匆匆跑进书房说："公子，我在汾河畔碰见梅香，见她身着素装，托我把这个布包交付于你。"她说："让公子保重，梅香自此去了……"王飞接过布包，赶忙打开一看，是一双做好的布鞋，还有一双绣有鸳鸯的鞋垫，看着看着，不禁泪如雨下，疾步走到汾河岸边，见河心隐隐漂着青丝乱发，连声呼喊梅香的名字。顿时，清清流水泛起滚滚波涛，与乱石相击，溅起雪白的浪花，一片哀婉之声。从此，王飞就一直蹲在岸边，渐渐化作一尊石墩。那汩汩汾河水，犹如梅香说话一样，"哗哗"地倾诉着对王飞的浓浓爱意。

（梁佳华 搜集整理。选自《灵石故事集成》）

苏溪夜月

在灵石城东十公里处的苏溪村东，有一深潭，一股昼夜不停的流水从半山腰直泻潭中，又从中外溢，弯弯曲曲地绕村而行。潭崖杨柳婀娜，花草奇艳，簇拥着一座精致的古色古香的小小楼台，上悬一块木匾，书有"苏溪夜月"四字。每当夜色澄清，月挂东山之巅，清澈的潭水里仿佛闪耀着一颗晶莹的明珠，与月光相映，衬映着朦朦胧胧中蜿蜒起伏的群山，构成一幅幽然淡雅的风景素描，令人情怡性悦，神思缕缕，这便是灵石县古八景之一的"苏溪夜月"。说起来这里还流传着一个动人的故事呢！

相传在很久以前，苏溪村并不叫这个名，至于叫什么，谁也说不上来。其村后有一座寺院，名为"三教寺"。那时大凡官宦名人路经此地，皆不居农户小舍，都在寺院留宿。

一天夜里，京都才子苏安云游天下至此，宿于寺中，因久别家乡，正往家修书一封，忽然，从远处传来悠扬悦耳的琴声，侧耳细听，琴艺不俗。悲戚的曲调仿佛狂风激怒一江波涛，浪如墙倾，声响数里。霎时，又风平浪静，急流稳渡，如同流入另一河床，缓缓而行。

苏安听后不禁拍案叫绝，但又为那凄婉的琴音而有点感伤。于是搁笔起步，循声寺后不远处的一座庵内。但见一房间灯火未熄，窗纸上清晰地闪现着一个尼姑俯首抚琴的侧影。"好一个绝妙的女子，为何要遁入空门，可惜啊！"苏安情不自禁地在窗外一声自语，惊动了里面的尼姑。

原来这弹琴女子是庵内的妙玉尼姑，忽听窗外有人，大吃一惊："哎呀，窗外何人？"苏安闻言急忙致歉。妙玉惊恐地言道："这里是佛门圣地，不得无礼！"

"不，小生寻师父琴声而来，并无他意，恕冒昧之罪！"

"你是何人，岂敢偷听弹琴？"

"小生苏安，四海云游，偶居此地，闻琴声而至窗下，有惊师父，还望看在佛祖面上予以宽恕，告辞了。"

妙玉久闻苏安大名，也常听人提起苏安的才学，但未曾见过，不料竟在此地相遇。心想，此人言称苏安，是真是假，倒不如试他一试，便将苏安唤住。

"客官自称苏安，请问我方才所弹之曲是悲还是喜？"

"师父方才所弹之曲，吐露出积郁在胸中的深仇大恨而未能得报的滴血之音！小生言讲如有不妥，请勿见笑。"

妙玉一听，暗自吃惊，真乃知音，但又一转念："客官所言差矣，不过，不过嘛，如果方便，可为我所弹曲谱赋诗一首？"苏安心想，这女子真怪，为何不敢道出真情？也罢，于是顺水推舟，将错就错，稍稍沉思片刻吟道："幽谷鸣湍惊鸿鸟，妙龄佳丽藏深庙。明珠匣隐难自出，须借东风乘逍遥。"妙玉听毕，羞容满面。言道："客官请便吧！"

苏安去后，妙玉心想：果然是个才子，名不虚传，待我明天吓他一下，让这个风流才子自重一点，免得再见面更加放肆。想着想着，猛地将窗扇推开，凝望着苏安渐渐远去的身影，却啜泣起来。

苏安走回屋内，思绪绵绵，难以安歇，对这一绝才女子因何遁入空门，又回避琴中真意，深感不解，三更过后，仍未揭开谜底。于是提笔作诗一首，藏于襟下，意在翌日暗递与她。

次日一早，寺内钟声响过，苏安急急洗漱完毕，便直奔尼姑庵大殿。这时众尼姑已在闭目诵经。因昨夜是隔窗而谈，苏安难辨哪一位是弹琴女子，犹豫间，心生一计，便大步走到神阁前合十道："望大佛保佑我苏安平安返京。"这一讲果然奏效，只见前面一位手持摇铃的小尼姑定睛看着他。苏安暗自欣喜，便见机朝妙玉言道："如何焚香，请师父指教。"然后深深一拜。妙玉急忙起立，从香筒里取出三炷香点燃。苏安趁接香之际，将诗帛塞到妙玉手中。不料，妙玉被惊得"呀"了一声，诗帛飘飘落地。众尼姑闻声都注视着这一幕。苏安吓得手忙脚乱，不知所措。但见妙玉从容移步，用衣袍遮住诗帛，怒斥苏安道："施主为何将香折断，若无诚意，就请退出。"苏安会意，慌忙将香折断一支道："师父息怒，小生并非不诚，实乃无意。"妙玉故意斜视了苏安一眼，借弯腰拍打衣袍尘土的当儿捡起诗帛。苏安退出殿后，周身打战出了一头冷汗。

妙玉诵经完毕，急急回房打开诗帛一看，只见上面写道："夜闻琴悲欲断肠，难分难晓更惆怅。敢问师父何愁有，犬马侍主愿效仿。"

妙玉观后，觉得此人很是仗义，但又转念一想，是否有诈？不妨再试他一试，遂写好一首回诗，单等次日交与这个风流才子。

翌日，苏安起了个大早，快步来到庵外，但见妙玉早已等在门前。苏安忙上前施礼，不料妙玉怒目相视，将诗帛扔在地上，一语未发，转身去了。苏安慌忙捡起诗帛回房一看，直气得七窍生烟，怒发冲冠。骂道："原来是严奸贼之女，饱饮人血还装慈悲，真是错投胎矣！"于是将诗帛往地上一掷，也不顾及尼姑庵是什么地方，气势汹汹地来到妙玉窗下，朝屋内喊道："屋里贼女听着，苏安今日返京，若有家书，倒愿白白效劳传送，顺便去赏识一下当今大奸臣的丑恶嘴脸，以布于天下！"言毕，径直出庵而去。妙玉听完苏安一阵辱骂，反觉欣喜，连连拍手说道："对了，对了，不能让他走，我得全盘相告，望义士能为忠良申冤，我死而瞑目。"

妙玉急忙打开衣箱，取出丝帛揣入怀中，飞速追出山门。见苏安早已走下山去，便急忙呼唤，可苏安头也不回，直取大路而行。妙玉急如星火，也不顾男女有别和佛门之规，边跑边喊道："苏安留步，满朝忠魂有托，王将军有言相告……"话音未落，忽然脚下一滑，"咕咚咚"地从半山滚落下去。苏安听到此言，顿觉蹊跷，猛一回首，惊叫了一声，便疾步向妙玉滚下的方向跑去。妙玉早已摔得满脸淌血，昏迷不醒。苏安急忙扶起："师父醒醒，苏安在此，有话快说，庵内已有来人。"这时妙玉略略省事，微睁双目，望着苏安，颤抖着嘴唇，断断续续地言道："快……快从我衣内掏去，这，这是王……王将军关于边关真相的遗……遗状，请为报，报……仇！我，我本是王府丫鬟春香！"妙玉说到此，双眼噙满泪花，心中还有要出之言，但几次启齿又咽了回去，苍白的脸上泛起了微微红晕。苏安悲痛地望着妙玉言道："师父放心，苏安回京一定为王将军申冤报仇，除奸党，扶社稷，绝不负师父一片丹心！"妙玉听罢，紧紧握住苏安的双手，又取出一只玉镯羞涩地递在苏安面前："这是王夫人生前所授之物，春香愿赠苏大才子，但愿……"苏安欣喜地接过玉镯，也将自己所携玉扇一把，放入妙玉手中，言道："小生身无贵物，望请笑纳，见它如见我，待回京办妥一切，就来接你……"说罢，苏安恋恋不舍地去了。

妙玉本是当朝王将军府中的丫鬟，原名春香。从小进府，王夫人见她聪明伶俐，视作亲生骨肉，宠爱有加，还请京师名流指教。不幸春香年方十三那年，外兵犯境，王将军被朝中严相国诬陷叛逆，满门抄斩，多亏老管家受王夫人密托带春香偷偷逃出京城，四处漂泊。一日来到绵山脚下的一个村落（即苏溪村），由于一路千辛万苦，年老体衰的老管家突然身染重疾，一病不起。留下小春香呼天天不灵，喊地地不应，无奈之下，便遁入空门，权当避难，并取法名为妙玉。暑来寒往，已有五载，但春香还常常因不能为王府鸣冤报仇而深感愧疚，每每这时就弹琴或作诗以解胸中之气。

一月后，苏安返回庵中先寻得住持，言说妙玉是他家妹，因多年失散，今日访得，愿出重金赎回。住持听后神情暗淡下来，说道："妙玉家兄，你来迟一步，妙玉因患重疾，已升天'五七'了。"苏安听后不觉一愣，顿时大恸不止，要去观尸一别。住持道："尸体已在庵后山谷火化。"然后，苏安又问道："有何遗物？"住持道："妙云尼姑倒是替她保管一物，你可去讨。"苏安离别住持找到妙云尼姑，要回遗物。原来妙玉所留物件，就是他所赠的玉扇。苏安睹物思人，不禁潸然泪下。当问到妙玉的死因时，妙云何敢直言相告！只是含糊其词道："神明是最清楚的。"苏安理不出个头绪，便沮丧地跑到庵后半山腰，朝着火化过妙玉的地方号啕大哭起来。哭啊哭啊，一直哭到天黑，忽觉得昏昏沉沉，云腾雾绕，朦胧中，只见身边的崖壁下突然出现了一个深潭，接着，流在地上的泪水很快化作了一股清泉，从山腰哗哗地直泻潭中。当下，潭水四溢，绕寺而行。不一会儿，但见潭水中浮起一颗晶莹剔透的明珠，犹如湖底之月。紧接着明珠一晃，冒出一股青烟，渐渐化作妙玉，跃出水面，飘飘然腾空而起，迎面扑将上来，好像有千言万语要说。苏安紧紧抱住妙玉言道："小姐，严奸贼被我发起的万民书参奏已彻底垮台，王将军案由皇上颁旨，已平反昭雪，我们回去吧！"妙玉言道："我已知道了，但因我犯了佛规戒律，菩萨显灵，赐佛水一碗，今已升天，我再也回不去了。"

突然，一阵寒风吹来，苏安醒后，方知是一场梦。却也怪，崖下的潭水却是真的，潭中的明月与明珠一样璀璨夺目。后来，人们为了记住这段爱情故事，便将这条溪边的村庄以苏安姓氏取名"苏溪村"。又因清幽的月色之夜，潭中明月出奇明亮而形成独特的"苏溪夜月"胜景著称于世。

（郭成保搜集，侯廷亮整理。选自《灵石故事集成》）

灵石为啥有三座城隍庙

"一村一个土地堂，一县一座城隍庙"，这是古时候建庙的规矩。而灵石县除县城有一座城隍庙外，还有两座城隍庙：一是无事城隍庙，一是歪脖子城隍庙。这是咋回事呢？

无事城隍庙

这座城隍庙在城西四十华里处的寨立村（今属夏门镇）。建筑很早，相传西汉末年，王莽赶刘秀至此，因刘秀无处可逃，便藏身于该村的土地堂。蹊跷的是，待王莽兵到，一看这庙门蜘蛛网密布，尘土满门，不像刚有人进去的样子。于是，王莽便大骂这土地是"无事城隍"，也未让人进庙内搜查。刘秀侥幸逃脱后，认为是土地神搭救了他。登基后，即令在此重塑金身，扩建庙宇，并将这里的土地提升为城隍，因王莽说过"无事城隍"，后人便把这座城隍庙叫做"无事城隍庙"。

歪脖子城隍庙

这座城隍庙在城南五十华里处的南关村（今南关镇所在地），据说此村为古代定阳城所在地，因有城，故设城隍庙。那么，又为啥叫做歪脖子城隍庙呢？

相传大宋年间，定阳城里有姐弟二人，姐姐嫁给邻村一个有钱的人家，生活过得很美满。一次，弟弟向姐夫借了二十两白银。姐夫病故后，弟弟拒不认账。后来，姐弟二人争执不下，便来到城隍庙发誓说：谁昧良心说假话，出门就跌折谁的腿。誓毕出庙，姐姐不留神恰好把腿给扭伤了，成了冤案。知县得知此事，骂城隍办事不公，便找到庙内，一气之下怒打城隍，竟把这城隍的脖子给打歪了。从此，人们便将此庙称为歪脖子城隍庙。不知又过了多少年，庙宇毁坏，人们在修缮庙宇时，仍然重塑了一尊歪脖子城隍。

（王道安搜集整理。选自《灵石故事集成》）

惠安寺与多宝寺的传说

惠安寺与多宝寺，一恶一善，分别位于灵石城西南三湾口和沟峪滩之间的汾河两岸山上，东为惠安寺（又名鲁班寺），在桃纽村附近；西为多宝寺，在杨家山村边，两寺隔河相望。据说惠安寺僧人作恶多端，常常抢劫过路人的财物，多宝寺却是专为监视惠安寺而建造的。

很早以前，两寺脚下仅有一条绕山栈道，由于路径狭窄，人称雀鼠谷，是南北唯一的交通要道。传说有一年，有个名叫多宝的官差受皇上旨意护送贡品进京，不料，路过这里时，贡品等财物全部被抢劫，人马被扣留。皇上得知，即刻派兵马前来查寻至惠安寺，救出多宝，追回贡品及财物，并放火烧了寺院。多宝回宫以后，立志出家修行，皇上深知其意，便在惠安寺对面的山上为多宝修建了一座寺院，意在监视惠安贼人劫道作恶。因寺院是为多宝而建，故取名多宝寺。

（王道安搜集整理。选自《灵石故事集成》）

羊倌庙

很久以前，在灵石河西一带，有个爱羊如命的羊倌，他从十岁开始就给人家放羊，没有用鞭子抽打过羊，每日出坡，他总是依着羊的性子，不怕山路崎岖，四处觅草。

有一年，天特别干旱，山坡、沟壑寸草不生，家家的羊群濒于绝命，独羊倌放的那群羊长得又肥又壮。

原来羊倌看到这荒年难度，就让羊随意行走，羊走到哪里，他就跟到哪里。果然在圪针塬（今段纯镇境内）发现了吃不尽的青草，只是路途遥远，道路难行，羊倌便决定在这里修一孔能暂时居住的窑洞。

从此，他就在每日出坡前，给每只羊的背上捆两块砖或几片瓦，日复一日、月复一月地往圪针塬捎运。

第二年秋天的一个傍晚，圪针塬附近村子里的人们都听到"把牲口喂好，今晚要出公差"的吆喝声，至于啥公差，谁也没理会，只是把牲口喂饱了等着，但等到掌灯时候，还不见来人，也就睡觉去了。谁知第二天一早，人们发现圈里的牲口全都气喘吁吁汗淋淋的，相互一打听，方知家家的牲口都是如此。于是人们对昨晚发生的事越觉得蹊跷。

就在这一天早饭后，羊倌又赶着羊群来到塬顶，忽见这里出现了一座崭新的院子，院周围长满了酸枣丛，那堆砖瓦一块也不见了。羊倌又惊又喜，急忙把羊身上的砖瓦取下，便跑进院里。只见院内有三孔窑洞，左右看过，两边窑洞一无所有，独正窑里有一高台。羊倌心想：这个高台倒蛮好的，让我上去休息一会儿。于是把羊鞭往腰带上一别，走上高台，将手中的羊铲支在地上，身子不由往下一坐，顿时感到全身格外舒畅。

无人照管的羊群跑回主人门口"咩咩"地叫个不停。主人十分吃惊，出门一看才知不见了羊倌，便立刻让人把羊圈好，四处寻找，但直到次日天亮还没找着。

早饭后，主人又让羊带路寻找羊倌，走啊走啊，当走到圪针塬的时候，人们发现这里奇迹般地出现了一座内有三孔窑洞的院子，走进去一看，只见羊倌已经坐化。他那历尽沧桑、憨厚朴实的面容如故，双目中依然闪烁着和善慈祥的光芒。

后来人们为了纪念这位好心的牧羊人，就把这座院子叫做羊倌庙。

（康薇爱、关全保搜集整理。选自《灵石故事集成》）

夫妻庙的传说

灵石城南有座闻名遐迩的韩信岭，古时候盘山岭有一条南北通行的必经驿道，道旁有一座不很大的庙宇，人们管它叫"夫妻庙"。为啥叫这个名呢？

相传在不算很久以前，北方连年遭遇旱灾，直旱得河干地裂，草木枯萎，百姓们四处逃亡。在韩信岭这条大道上，每天都有三五成群逃荒过往的饥民。

有一年冬天，从北面过来一对逃荒的中年夫妇，男的满脸胡茬，骨瘦如柴；女的体格弱小，面黄肌瘦。二人一前一后，推拉着一辆独轮小车，车上裹绑着一卷破破烂烂的行李和炊具。当走至韩信岭下的坡底镇时，已是晌午时分，夫妇俩饥渴难忍，头晕目眩，实在无力前行，便在一家小店门口停下脚来，稍歇了一会儿，女的上前向店主讨了碗开水，两人交替着喝下，接着，双双又去挨家挨户地乞讨吃食。

原来这夫妇俩因家乡遭灾，父母先后饿死，唯一的小女儿又被人拐卖，无处寻找，为逃个活命，不得不四处流浪。眼下他们听说南方没有遭灾，便日夜拼命地向南赶路，哪知走了十天半月还没走出灾区。

夫妇俩跑了大半晌，好不容易才讨来一个又粗又黑的糠窝头，你推我让之后，最后掰成两半。吃完之后，他们又一推一拉地朝着韩信岭坡继续赶路。

天色渐渐地昏暗下来，韩信岭十里陡坡，沿路行人稀少，不知过了几个时辰，从山坡上传来女人的号哭之声。坡底镇几个好奇的年轻人跑去看，原来是那推车的男人因多日吃不上食物，山陡路险，体力耗尽，死在半坡，妻子正伏在丈夫身上大哭不止。几个年轻人见妇人哭得难过的样子，便上前劝说她先回村里住下，待次日天明再行料理，可痴情的妇人死活不肯离开丈夫一步，无奈，人们只好散去。

第二天一大早，人们又去看时，只见那妇人依然伏在丈夫尸体上。起初人们以为她睡着了，近前摇动，大吃一惊，原来她也冻饿而死，并且妇人伤心的泪水竟然将她与丈夫两人的脸冻在了一起。消息很快传遍了方圆各村，人们纷纷前来观看，无不为这对恩爱夫妻的遭遇而落泪。有好善之人当日找来两张苇席，把夫妻俩埋葬在道旁。

灾荒过后，周围村民纷纷捐献钱财，在这对夫妇墓旁塑像立碑，盖起了一座小庙，取名叫"夫妻庙"。可惜后来多有战乱，夫妻庙仅剩下一孔残破窑洞。但这对夫妻同生共死的故事一直在民间流传，感动着一代又一代的人们。

（赵麟书搜集，侯廷亮整理。选自《灵石故事集成》）

319

附录

附录二 诗文歌赋①

灵 石 歌

（清） 何庆澜

人于万物为最灵，四灵亦载大戴经。

自古最顽莫如石，生公说法几曾听。

凿凿云根埋洞壑，棱棱山骨瘦回湋，

　　苍苔碧藓湮其形。

有隋开皇之十载，文帝曾此驻云轩，

彼汾一方开远道，石破天惊走雷霆。

不待雷穿不待削，混沌凿来何珑玲！

　　有如铁之黑，有如铜之青；

　　抚之光润玉，叩之声和铃。

"大道永吉"字苍古，仿佛禹鼎汤盘铭。

万古灵气一发泄，层云宿雾不能扃，

　　乃知石灵即地灵。

　　状以城与市，接以郊与坰，

---

①附录二中的诗词歌赋，分别实录于明代万历二十九年版《灵石县志》、清代嘉庆二十二年版《灵石县志》、灵石《石膏山志》和《王家大院志》等正式出版物。

藏以七尺屋，一面透疏棂。

鬼神为呵护，日月助晶莹。

新碑旧碣相陪立，风雨不敢来飘零。

突兀峥嵘成砥柱，河汾无患千余龄。

君不见李广射虎亦小技，初平叱羊归杳冥。

补天几见娲皇炼，支机谁问鹊桥星？

此石屹然自终古，不磨不灭千秋型。

左接绵峰右霍岭，鼎峙百里列云屏。

永固门外访遗迹，摩挲拂拭几曾停？

试学米老一再拜，灵光万丈生碑亭。

安得袖中有东海，磨砺痴顽傲五丁。

灵石山行

（明）　高叔嗣

长路天俱近，高山日易昏。

强余疲马意，垂首恋君恩。

晓过灵石

（清）　赵执信

晓色依微岭上横，望空云物转凄清。

林收宿雾初通日，山挟回风尽入城。

客路远随残月没，乡心半向早寒生。

惊鸦满眼苍烟里，愁绝戍楼横吹声。

扈从南出雀鼠谷

（唐）　张　说

豫动三灵赞，时巡四海威。

陕关凌曙出，平路半春归。

霍镇迎云罕，汾河送羽旂。

山南柳半密，谷北草全稀。

迟日宜华盖，和风入袷衣。

上林千里近，应见百花飞。

南出雀鼠谷答张说

（唐）　李隆基

雷出应乾象，风行顺国人。

川途犹在晋，车马渐归秦。

背陕关山险，横汾鼓吹频。

草依阳谷变，花待北岩春。

闻有鹓鸾客，清词雅调新。

求音思欲报，心迹竟难陈。

题介子祠

（明）　林　魁

年年寒食动春愁，生不明心死便休。

但使亡人能返国，耻将股肉易封侯。

山中松柏难烧尽，身后封疆草自秋。

千古清风祠下水，东风停旆瞰寒流。

介　山

（清）　王士祯

驱车绵上聚，怀古绵上田。

授璧事已远，遗迹今虚传。

晋国昔多难，公子实大贤。

五蛇为之辅，一蛇独耆乾。

身隐竟焉文，狐赵羞比肩。

逃荣谊固高，报德理亦然。

徘徊望忌坂，落日无寒烟。

何人贪天功，嗟哉南内年。

介 林

（清） 傅　山

青松白栝十里周，楷青柏白祠堂幽。

晋霸园陵迷草木，绵田香火动春秋。

仙名卖扇传东海，身隐承颜肖故丘。

还虑寒山太枯寂，婉容分到牡丹头。

过仁义驿

（明） 吴　雯

古驿藏深谷，盘回到水涯。

茨菰秋涧叶，荞麦晚山花。

徙倚青藤杖，纵横白鼻骒。

苍崖土五色，或可就丹砂。

冷泉关道中

（清） 王士祯

南经雀鼠谷，崎岖殊未休。

路随千嶂转，峡束一川流。

滩急长疑雨，蝉嘶畏及秋。

云峰将落日，立马迴含愁。

阴 地 关

（清） 梁 枢

南来阴地久无霜，残壁西风古战场。

日暮寒鸦山色远，空留明月吊梁唐。

韩 信 岭

（清） 何绍基

荐士酂侯第一功，从容大业定江东。

真知己是高皇帝，不负居惟太史公。

昨日固关寻战垒，今朝潍水想真风。

名医立脚知非偶，肖信斜谋惑蒯通。

淮阴侯墓

（清） 梁绘章

登坛拔帜树奇功，扛鼎重瞳霸业空。

秦鹿当年归汉帝，将星从此落王宫。

山陵不老英雄恨，恩遇难忘国士风。

闻说岭头遗冢在，行人感叹夕阳中。

淮阴侯祠（二首）

（清） 王如玉

其一

争衡楚汉气难降，天使将军助汉王。

决胜施奇成底事，却教鸟尽恨弓藏。

其二

独擅神功第一流，殊恩虽重已全酬。

刘郎老去王孙杳，衰草寒烟半惹愁。

秦 王 岭

（清） 何庆澜

席卷亡隋定四方，谁将此岭付秦王。

半村山势吞函谷，一片龙旗出晋阳。

石佛自依青嶂侧，霍神相话白云乡。

老生漫筑峰前寨，枉与唐家作虎狼。

子 夏 庙

（清） 何庆澜

彬彬文学并言游，岂独葩经小序留。

半世著书居石室，一时受教有文侯。

当年莒父功名薄，此日祠堂绘事修。

干木子方今在否，西河遗像自千秋。

石膏山咏

刘俊礼

膏山久闻名，今幸攀其峰。

远眺千岳小，近瞰万壑深。

风来松涛呼，雨去云龙腾。

我自不是仙，竟处瑶台中。

游石膏山

韩石山

山西何以有此山，我来一游始了然。

上苍怜惜荒老地，特赐江南水一圜。

325

附录

周槐颂

温　暖

阅尽尘寰两千年，犹有新枝摇树巅。

贯耳风雷是天籁，扑面雨雪润容颜。

虚怀曾敢藏壮士，余荫还为爽人间。

而今四海万民慕，谁说老朽不值钱。

再颂周槐

读温暖先生《周槐颂》有感，依原韵试作。

张宝铸

阅尽沧桑不知年，更添华发染鬓巅。

栉风沐雨凝绿姿，经霜历雪褪红颜。

独爱衔杯烛明夜，尤喜角弈柯烂间。

余荫还为庇寒士，笑它世上只认钱。

邑中八景

（清）　王志瀜

冷泉烟雨

冷泉古关隘，时平静耕牧。

近山易成雨，涧道净如沐。

行旅著红衫，冲烟转林麓。

翠峰耸秀

岌嵘俯城闉，危楼接青杳。

秀色日可餐，白云环窈窕。

石磴夕阳微，僧归烟树杪。

汾水鸣湍

横汾千里波，结屈石中过。
林皋夜清肃，江湖幽梦破。
缺月挂女墙，惊鸿飞个个。

介庙松涛

子推神仙去，虬松郁幽岭。
习习谷风生，波涛鸣万顷。
成连不可寻，快哉陶宏景。

夏门春晓

两山俨一门，开辟自神禹。
楼台屹飞动，桃花满树坞。
恍到天台山，不数武陵浦。

苏溪夜月

何事名苏溪，赤壁景差肖。
长坂树扶疏，泉声激清妙。
山高明月来，东坡有诗料。

两渡秋晴

一水须两渡，隔溪林屋对。
石梁秋水深，庄惠凡几辈。
空翠夕阳明，衣袂染轻黛。

霍山雪霁

霍岳亘数邑，韩岭当奇胜。
瑞雪积春秋，林表金碧映。
吐纳蕴元机，北方资玉镇。

327

附录

咏王家大院

郑孝燮

（一）

深山藏宝不知奇，大院山庄古宅居。

愿领风骚攀世界，全凭文品论高低。

（二）

灵石古村山水间，四合坊巷礼为先。

楼台塾馆凝文气，儒雅兴衰二百年。

（三）

依山面水贯东西，分片成区脉络通。

黛瓦灰砖清一色，高门大院有书声。

王家大院有感

马万祺

璞玉初雕光未显，王家大院接嘉宾。

山西宝藏繁星耀，大展宏图日月新。

题句王家大院

姚奠中

前修业绩，留此鳞爪。

文化之舟，来世之宝。

无　题

马未都

驱车向灵石，细雨乱如丝。

阶下多青草，墙头有绿枝。

怀旧读古训，慨然赋新诗。

千秋谁人醉，一到王家知。

即兴一首

高洪波

民居有王气，古堡余幽情。

一步一礼赞，大巧夺天工。

（2001 年 4 月 10 日于王家大院）

游王家大院

戴云燕

诸侣相偕灵石游，欣然大院气容遒。

依山傍水兴庭苑，南秀北雄融宅楼。

百载民居铺锦绣，三雕艺术竞精尤。

诚商笃学传骐骥，懿德长存惠九州。

王家大院初识

温　暖

神州遍地有景观，老院一处见沧桑。

天工人巧琼楼梦，水绕山环韵味长。

四海尽知灵石县，三晋多晓静升王。

漫漫风雨二百载，谁料此间留辉煌。

民居奇葩

耿彦波

王氏民居，官商天地。

鬼斧神工，妙思匠意。

329

附录

规模浩大，庭院深许。

雕艺精湛，珍宝世界。

南北情调，文儒雅趣。

华夏第一，天下称奇。

题王家大院

王东满

王氏宗支衍晋阳，风流却数静升王。

人间还是做官好，广厦岂缘豆腐坊。

题灵石王家大院

石　舟

读建筑师名宿郑孝燮先生大作七律《王家大院古山庄》，欣然有感，依原韵。

坐视禹门膏山旁，此庄岂是等闲庄。

环回照影千层院，跑马屏鹰百丈墙。

文藻工繁能绝后，恢宏富丽暗欺皇。

旅游大兴升平世，人去楼闲更称王。

资　寿　寺

黄克毅

古寺梵林始于唐，禅味佛心悟风香。

祈祝帝道永遐龄，资群黎庶寿域长。

壁画精绝怡人眼，罗汉神韵气轩昂。

身首重合归故里，赤子隆德颂炎黄。

古寺迎晖

耿彦波

千年古刹，漫漫风雨。

暮鼓晨钟，玄机真谛。

罗汉彩塑，横生妙趣。

元代壁画，珍品世稀。

大彻大悟，人生如戏。

八水圆功，至善方期。

题灵石资寿寺（二首）

石 舟

举世皆惊的灵石县资寿寺被盗十八罗汉头像于今年四月迎返复原，此乃佛教文化史上的一件大事，亦是灵石县通达祥和之吉兆，特题诗二律以助其盛。

其一 拟十八罗汉语

神游四载又复全，一场轮回无限缘。

三界十方待悟度，八十一难仍维艰。

小乘精义唯自解，大善作为是本原。

劫磨历尽消灾妄，慈悲普化皆福田。

其二 祝十八罗汉全像

曾惊资寿阿罗残，忽喜迎归劫后还。

岂是飞贼称胆恶，原来法力胜于天。

一厢邪欲无施逞，两岸佛心有渊源。

百感陈公真舍布，觉知上座不涅槃。

灵 石 记

（清） 王志瀜

天下之物，凡飞潜动植，莫不各有其情。顾凡物之情有生有灭，惟石以无生无灭而情独永，则造物之钟其灵也，不亦宜乎？灵石，晋县也。考邑乘，隋文帝开皇十年开山得石，有文在其上曰："大道永吉。"当时以为祥瑞，遂置县。夫当宋齐梁陈偏安江左，数十年中祸乱极矣！至隋文帝得国，勤于政治，使天下复为一统。天之生此石以昭其瑞也，固宜。然不旋踵而炀帝荒淫，盗贼蜂起，江都巡幸，身殒国亡，唐神尧僻在晋阳，太宗以天授英资，早定大计，实由此道西行，遂以荡平宇内，克成贞观盛治。然则此石之灵为隋瑞耶，抑预兆有唐之兴而早出于隋之世耶？夫自上古圣神云遥，龟图迹杳。皋夔既没，至宝无闻，后世侈言祥瑞，凡草木鹿鸟之奇，莫不穷搜远采，献媚人主，以文太平之盛。不知伊之佐商不必生于桑也，吕之兴周不必钓得璜也，向使兴王崛起，不能得贤人而辅之，以期股肱良而庶事康。则虽尽南山之石遍体皆文，恐不周触天难云补矣。然石之为祥不可知，而其灵则不容泯。

余为兹邑令三年矣，每至石畔，摩挲抚玩不能忘情。盖自有此石以来，凡居处于灵石者几何人？来往于灵石者几何人？而以灵石为其头衔者又几何人？世代迁移，人亡迹泯。独此石高不满五尺耳，睹之而其色苍然，扣之而其声铿然，将与霍山恒岳同留终古也。昔羊叔子登岘山，每叹由来贤哲登此山者皆湮没无闻，而叔子之名实与岘首同其不朽。是知人必大贤始可传于后世，不与凡物同其生灭，君子疾没世而名不称，岂独古人有此情也哉！

嘉庆十八年暮春下浣，因偕友人再玩此石，归而志之。

游介林记

（清） 梁宗龄

余闻介林久也，或谓子推遁迹处非灵石之介林，皆不必深辨。

丁亥春，游于静升王氏之别业，登楼遥瞩，见东山之麓蔚然深秀。主人告予曰："此介林也。"越月归自太原，忽闻时鸟变声，嘤鸣求友，兴不可遏。命童子策二卫来，喜其钝步，得以悉一方之胜。由村南过王公桥，对岸小山亦起伏有致，万树撑霄，春流竞发。其地多榆，间以桃柳，春色更佳。已稍迤折，而东望介林若片云映于山足。去河渐远，行二三里许，则水随蹇足，潺潺然心与俱清矣。稻田数十亩，泉流灌溉，"漠漠水田飞白鹭"之句仿佛可思。距村已十里许，北望市井，咫尺仙凡，介林则参差浓淡，楼殿依稀，令人见二米家法。绵峰扑面而来，雄秀领诸山如儿孙。近村名张嵩村，溪透屋舍，林外岗峦皆罗列，掩映不可缺，亦不可补，造物之安排耶？目之所见以为然耶？此时林亦望余，然在远近有无间可望不可即者。

渡数曲始及山门，其中惟柏参天，不知几千百万株，间有杂树，皆石间攫挐而出，石大者如兽怒蹲，如人对弈，微影在地，天光自树隙中射落，回顾童子，面有碧色。予曰：红杏倚云，绿茸铺地，视此，真俗不可耐耳。地势渐起，闻簷铃声，更数十武，入祠瞻拜，规模宏敞，近人题赞颇多。余亦得三绝，其一云：

一炬燎原计太粗，仙踪不逐野云孤。

亡人受过侯应戚，漫诩绵田胜霸图。

后殿为介母祠，介弟、介妹侍焉。昔晋阳傅青主与予外氏祖胡公来，题其楣曰"承颜堂"，即自取壁上"功隐承颜"之句。又云："婉容分到牡丹头"，里人描污仅存故迹矣。两墀牡丹数枝，相传其根株甚繁，每岁必有白花放于枝巅，里人以为神，修葺之余，摧折殆尽。童子曰："岂以富贵非公愿，故并此花锄之耶。"至堂东，地势转高，有亭三楹，瞥见诸峰高下顾盼，几席老柏森然拱侍于墙外，翠色浓荫满人襟袖。介林佳处以此为最，余得捐尘累，坐此琴书数年，必有所得。此则余之有志未逮者也。

出门旷视，百里内，山川曲折，了如指掌，回首烟岚，徘徊不忍去。邑人嘱余曰当亟往来于此。嗟呼！余风尘中人，果能亟往来于此乎？天下名胜之区多矣，乐游者游或不可常得，否则非见其无可乐即以为无足奇，或又曰吾真能游者不必在耳目间也。嗟乎！造物钟灵之处，固不欲斯人之尘溷也，于人乎何尤。

注：

梁宦龄：清浙江兰溪人。

丁亥：清乾隆三十二年（1767）。

法师泉：位于旌介村钟灵池西南，有泉滃然仰出，水色湛清，味甘美。传说烹之可以疗病，昔日有不远百里而来汲水者。

附录三 碑文选录

静升里庙学记①

元 平阳 张允中 撰

灵石县东北有乡曰灵瑞，里曰静升。里之耆民南塘辈欲庙夫子于里中，遂告诸县大夫广平冉君大年。君闻之曰："善！"乐然就董其功，一旦会暇诣于里，相方视址，南府通衢，外薄溪涧，纵六丈四尺与武②，衡如其纵而加六丈焉。鸠材庀役，命梓者斫，陶者埏，铁者锻，朽者槾。起堂三楹四桷，基高柱橹，不鄙不华。像圣人于其中，左右配以颜、曾。既落成，即伐木杵土，庑于东西，以麻学之师生。楼其门以御中外，子午甚称。将勒石以寿其传，于是来谒为文，终让不可。窃闻礼释奠先圣先师，后世上而京师，下而郡、府、州、邑，咸立庙学。盖守土吏之与职。师儒者主其祭，民不可得而祀焉。噫！吾夫子登惟长吏、学官独得而祀耶？科生、俗士独得私耶？礼谓，凡饮食必祭。祭夫肇

①碑记原文实录于明代万历二十九年版《灵石县志》。
②武：古代长度单位，以六尺为步，半步（三尺）为武。

造饮食之先民也。以我之今日得饮食者，非斯人之力其谁与！且唐尧之时，洪水横流，非禹治之人其鱼矣！传曰："微禹，吾其鱼乎！"人既得平土而居，我之今日得不为鱼而为人者，大禹之力也。禹之报祀其不可废，况吾夫子！当周之季，王室日微，诸侯日强。扶人极，作春秋，尊王黜霸；使君君、臣臣、父父、子子，不堕于禽兽之域而人其人，迄今千数百年，垂大经大法而使我之今日获为人者，吾夫子之力也。由斯言之，凡主纲常而内伦理者畴祭非宜？斯庙学之建，自一里而推之一乡，而一邑而一郡，奚啻知祠夫子而不祠淫昏之鬼，学古道而不学异端之教。其自格物、致知、诚正、修齐、治平之学，以明经义，以策时务，裨益于国家者，未必不自此建庙学始。

重修汉淮阴侯庙记[①]

元　集贤学士　归旸　撰

灵石南二十里有庙，祀汉淮阴侯。庙岿然踞道上，南北过者多入谒。至正庚子夏，前陕西诸道行御史台中丞某、河南行中书参知政事某，过而谒焉。惩其久不治日入于坏，各出私钱付县主者重修之。侯，汉佐命臣也。有大功，世咸思之，故祀之也。侯之功在汉，汉祀之可也，夫何祀乎今？尊有德，贵有功，古与今一也。侯之功可贵也，贵之斯祀之矣。又因以为劝，非有私于侯也。世之称侯者，类曰善战。吾以为不知侯。夫善战者，以杀人为功者也。杀人为功者庸可祀乎？杀人而祀之，是率天下以杀人也。方项羽去咸阳、归彭城也，诸侯皆其所树置，天下莫强焉。高帝失职，王汉中，崎岖山谷间，栖栖然如迁人尔。天下之势以为在项王者什九。侯一起为将，汉遂为雄。拜而上坐，从容数十百语。而项王之为人与其所以亡，及汉之所以取楚者，莫不具。汉卒用以帝四海，其得与张留侯、萧相国号三人杰。识者以为在此，

---

①碑记原文实录于明代万历二十九年版《灵石县志》。

不独以其战也。天下不为汉，则项王帝。项王帝，则生民之祸未有所息也。有功于汉，亦有功于天下也。有功于天下者，可无祀乎？或曰："侯以大逆死，功固不足以尽之矣。虽不祀，亦可也。"夫天下之所知者，侯之功也，其罪则汉独知之。汉知之而天下不知，孰明其不为诬也。天下公论之所在也。淮南王布亦有功于天下者也，未闻有祀之者，以其反也。反而祀之，则乱臣接迹矣。灵石之有庙，何也？侯所经也。灵石者，自汉适赵之道也。侯尝王齐与楚矣，而本侯之功者史所称也。且言祀侯者，以其功不以其爵也。庙始金明昌，大德尝增葺之。闻有故记，石勒而文不属，所可见者，如此也。

重修庙学记①

明　邑人　房韫玉　撰

王公令灵石之初，嘉靖己未岁。未之任，掌儒学教谕师公训导张公、王公怜庙学倾圮，请于上，劝师生俸银七十两余重修学。方举，公下车，遂任诸己。曰："修学乃有司先务，师生力何能举？况俸银有限，奚足以供土木之费？"于是多方布置，鸠工措材，择民间有为者董其役，不逾年而功告成。圮者完，隘者辟，遗者举，巍然焕然。不独庙貌改观，而灵石之士气亦皆鼓动兴起。阖学士撰公之绩，征余为记。余不获辞，则谓之曰：尔多士知公修学之功矣，亦知公修学之心乎？昔国初之设立学校，所以涵育士类，期以自修其学也。今公之修学，乃所以二承德意，亦期士类之自修其学也。夫士之修学，学为圣贤而已。圣贤之学，心学也。博文以为门，约礼以为地。故孔门七十二子，有因之而升堂入室者，有因之而几于一间者，有因之见富美宗庙百官者。诸子自修之学，固不能殚述。莫非日新懋昭，高吾道之宫墙者也。是以古今善学者归之。我国家虽以科目取士，而立学之意未尝不在是。

337

①碑记原文实录于明代万历二十九年版《灵石县志》。

附录

故我文清公奋自山右，固以科目进而反躬实践，学至乐地，视孔门诸子博约之学又何多让也。夫薛公非有异人之学，特能自修其学耳！尔多士亦能穷理义以求博，反躬以求约，景行先哲，推之以庇覆斯世斯民，庶无负国家立学之意、我公修学之心矣。若尔竞长笔墨，役志青紫，甚而儒名墨行，假衣冠以为奸，是吾道之毁瓦画墁者也，抑何心哉！夫博约之学，即尧舜之精一也。灵石古尧舜地，而心法之贻，犹有在人心而未泯者。兹因修学以鼓之，宁无兴起如薛氏者乎？余故为之记。公名植，陕西安定人。

重修资寿寺碑记①

明　孤峰秀禅师　撰

盖闻法身无相，应物现形，真理忘言，随机设教。真如界中，本来无灭无生；悲愿门头，随类有来有去。佛者，觉也。自觉觉他、觉行圆满，超十地，圆十号，明十智，具十身，乃名佛也。略序过去，毗婆尸佛为始，迦叶如来入灭居，补处位，号曰护明。度生愿重，救苦情深，欲降阎浮净居。天子与诸天曰："佛者至尊无上，边邦小姓无缘之地，不可化生也。"迦毗罗国者，乃三千大千世界之中心也。净饭王者，种族第一，摩耶夫人，贞洁无比。五百生前，以愿力故，曾为父母。乘日轮、驾白象入圣母腹。虽处母腹，日夜三时为天龙神鬼说法。十月满足，于毗蓝园中右胁而生，周行七步，指天指地言曰："天上天下，唯吾独尊。"是时也，地摇六震，天雨四花，神捧金盘，龙吐香水，请阿私陀占太子相。仙曰："太子三十二相，八十种好，在家作转轮王，出家成无上道。"百亿洲中放光现瑞，乃周昭王即位，甲寅二十四年四月八日佛诞生也。王问群臣："是何祥瑞？"大臣苏由奏曰："西方有大圣人出现。光明及处，千年后教流斯土。"经七岁，

---

① 碑记原文实录于明代所立的资寿寺石碑。

选国中聪明选友为太子师。太子问师书名，咸无知者。选友奏曰："太子天人之师，凡诸技艺典籍等，射天文地理自然知之，安可教也？"至十九岁，游观四门，见老、病、死，心生厌难。逢僧了法，悟世非真。子夜逾城，直投雪岭。六年苦行，麻麦充餐，雀巢容于顶上，蛛网挂于眉间。悟非心非佛之宗，了即色即空之理。初宣小教，次演真空，事无不穷，理无不就。化缘已毕，复性归真，向拘尸之大城，示涅槃之正路。是时也，山摇地动，海竭泉枯，日月无光，万物变色，乃周穆王即位，壬申五十二年中春，白虹十二道贯通，连霄不灭。王问群臣，扈多奏曰："西方大圣人入灭，衰相现也，金言道在，尘刹法存。"至后汉明帝永平七年，感梦金人。上殿早集群臣，具问其事，中书傅毅奏曰："金人者，佛也。"言其纪事，遣王遵等一十八人入西域求教。至月支国，遇竺法摩腾持释迦氍像，白马驮经，迎归洛京。竺法未及月余，便能汉语。于是五岳十八山道士祁文信等奏曰："王轻吾教，敬重胡僧，请试神通。"焚经为验，道经皆为灰烬，佛经宛尔存焉，颁行天下胜地名山，共建招提，赐白马号。自此有僧也。古云："自从白马焚经后，千古今人助佛光"者是也。晋、宋、齐、梁、隋、唐以来，兴崇梵刹，不可偏举。至我大明圣朝治世，王化与佛化并行，仁风与慈风并扇。灵石县东仅十五里，古有梵刹，额名"资寿"。东观绵岳，西近汾渊，前有清溪，后靠岗地，山明水秀，地杰人贤，乃檀门作福之场，实道者修行之所。大宋重建，岁久时深，殿堂廊庑俱坏，唯演法堂尚存。既崇修于前代，岂荒废于今时？兹有本寺比丘圆瑛并合山僧行，同心竭力，共成盛事。化本境善众，各舍家资，重修梵刹，展隘为宽。天王殿与山门塑妆完美，建僧堂，起方丈，厨库新鲜，可谓庄严金地，成就宝坊。令人人永种善根，使世世同受乐果。又兼彩绘水陆圣像，一会开光庆赞。会毕议曰："胜事已周，镌其坚珉，记其岁月。"谒予求序，予曰："我林下人，安能为之？"固请再三，弗获而已，是以不愧斐才，姑述梗概云耳。

静升里重修古庙碑记①

明　邑人　郭世美　撰

瑞石邑东北有曰静升里，山川盘结，风气攸萃，诚适情之佳所，养神之胜地也。奥②自至元二年，先民因而爱庆兹土，纵而二十有三丈，横比其纵而减六丈焉。于以肇建斯庙，皇天后土圣母居北殿之中，左五岳，而右四渎。东西祠而列众神焉。砌之间翼以高楼，南门舍神将御之，地势敞豁，庙貌严正，足以妥乎神而享其祀也。迨景泰三年，时当中春，本乡富家翁王贤同男义官王演等重修。迄今历年既远，屡经风日，是以庙中倾坏，神像暴露，见者心虽不忍，而力不能及也。时有里中耆老王伦辈触目感心，偕男王铎、王锐、王铭、王镜、王钦、王锦、王铨亦欲重修，顾兹重务，又非家人父子所能如也，故念于众人曰：神非庙无以依，庙非神无所主，敬其神而当备其庙，况斯土之人，凡水旱疾疫则必诸斯庙而行祷于神，而神无不佑，神佑其人，人受其福，安养之功万世而为永赖焉，尔曹当同心协力新斯庙而报赛之。众人闻而喜曰："善哉！公之言也，以心之同然者而感人，我辈焉有不从乎？"既得人心，乃出己财，而众人亦多助之者，故于弘治十五年正月初三日令辰，因昔人之旧制，为轮焕之一新，斯时也，土木一兴，趣者如云，版筑方举，从者归市，仅几周岁之间而厥成功焉，规模整饬，从四方之观瞻形势壮丽，起人心之敬畏；上下之巩固，四旁牢实而有千百载不朽之状也。然其规画，虽因共旧制，工夫则视旧而允密也，由是神明安而人心悦矣，无穷之休，岂可得而胜言耶？噫嘻！此间善士多，而衣之微，而修治庙庭如此，是能享鬼神而崇孝敬者矣。孟子曰："斋戒沐浴则可以祀上帝。"其斯之谓欤，正宜镌勒于石，昭回于万年也。

---

① 碑记原文实录于明代所立的后土庙石碑。
② 奥：一说指静升村西南方向；一说指元代著名大臣奥敦希恺。

乾道①庚午仲春既望，儒学科举廪膳生郭世美谨述。

增修介庙碑记②

明　邑人　张腾芳　撰

　　先生姓介，讳之推，子推其字也。昔重耳因骊姬之谗，出亡在外一十九载。先生偕舅犯等五人从之，重耳乏食于曹，为之割股，险阻艰难备尝之矣。及还，嗣诸侯位，先生与母隐于绵山。重耳求之弗得，遂火其山，冀③其也也，而竟以死自守。重耳赐绵山田，曰："以志吾过，且旌善人。"乃祠于斯。凡有祷即应，而绵人至今传之。岁时伏腊，莫不兴思。清明节禁火三日，为焚山时故也。窃以先生从亡于前而隐遁于后，不知者诬作龙蛇，乃以为怨；其知者不言晋禄，乃以为清。自今观之，不知者固为不知，其知者亦未为深知者也。先生从亡日久，重耳心事已窥之熟矣。当时，周旋不舍，委质为臣，盖不忍相忘于患难之中耳。及即位，遂浩然不顾者。意者，重耳器量诡谲有余，可与共患难而不可与共安乐也。虽子犯，以舅氏之亲尚有济河之誓。厥后，果杀颠颉以殉军中。从亡之恩一旦顿忘之矣。则先生之不去不为无见，且刚正不屈之士岂与拘拘伯术者相为君臣也哉？此固先生之心而人所不能知者。侯号封于宋，碑已详。至我朝嘉靖十有七年九月，本县尹武都种公奎者，下车谒庙。见其两廊促狭，遂谔然曰："古所谓乡先生者，没而可祭于社。况先生生前孝忠，死后灵明，有裨于吾民者多矣。何庙廊之不广如是耶？"因命乡老增建两廊、二门并大门、过厅、外碑房一，门外官亭共三十余间。量工命日，不愆于素。且公事毕，时至考验。庙貌深邃，瞻者起敬，与前大不同也。且起春秋二祭，命愚为文并碑记以传于后。愚不敢辞，乃为铭曰：惟侯出亡从君，入山携母。

341

①乾道：有清明、上升的意思。乾，本身是八卦之一，代表天，旧时也指代男性。
②碑记原文实录于明代万历二十九年版《灵石县志》。
③冀：希望。

忠孝两全，高风千古。建祠于绵，祐我灵土。惠降甘霖，厕施斯普。

重修冷泉关记①

明　邑令　仁和人　沈复礼　撰

国家分土画疆，莫不因形胜郡邑，天下且因地设险，以固吾圉，故边陲晏如而海内又安。成祖建都北平，山西平阳为畿辅右翼，而灵石之冷泉关尤捍卫平阳之重地也。承平日久，边备稍弛，隆庆丁卯之警，寇蹒内地，冷泉失守，而汾霍之间戎马生郊，畿辅几至动摇。则冷泉不但为平阳重，且为畿辅重矣。万历甲戌改汾州为府，而灵石隶焉。冷泉无守，而平阳之门户撤，有识者忧之。越二十年，而襄陵李都谏公深鉴往事，念切维桑上封事，直陈冷泉为平阳锁钥，剖决利害，分析机宜，不啻列眉指掌。上可其议，于是平阳有灵石如故。然关之城垣楼雉，日就倾败，险何足恃。适余承乏为令，曷敢不为绸缪计。稽往牒，嘉靖终有修葺之役，府檄霍隰洪赵八州县，协其工赀夫役，派之民户。余申议上台，发廪粟藏金，鸠工庀材畚锸之役，计工予值与圬墁者埒，不无乐趋事者，日率尉刘巡检、沈程度而指受之。增建官舍六角楼二，壁垒陴堞，视昔固丽有加。始于丁巳三月六日，迨五月之晦，甫两月而竣，费白镪十有三金，粟一百七十三石。不劳民忧，邻而幸以集事，天险屹然，庶几哉，一人当之万夫莫开也。虽然设险以待暴客，古有明训，若恃险而忘民隐，司牧之谓何？余碌碌无状，有愧西河，不能无望于嗣守者之保障也。谨勒贞珉，用俟来兹。

新建文昌阁记②

明　安邑人　工部主事　王国祯　撰

庚子之秋七月，余北上假道灵石，入其境，黎民相恬以愉，鼓腹

---

①碑记原文实录于清代嘉庆二十二年版《灵石县志》。
②碑记原文实录于明代万历二十九年版《灵石县志》。

击壤，其简朴勤俭有蟋蟀之遗风焉。将入阁，学博先生乃率诸俊彦揖余，似有所吐。既就馆，则色喜而言曰："敝邑之巽地，霍山之麓，形势巉岩，蔚乎苍苍，风气钟焉。我公眷顾人文，捐俸金若干建阁其上，崇祀文昌，以恢一时之胜览，以开千古之文明，是不可以无记也。"余唯唯三叹曰："於都哉！我公之泽乎！公燕赵名产，连步子丑之科，海内山斗，筮仕吾邑安邑，真心实政，允称恺弟父母作人而誉髦攸兴，一时桃李芬芬，辛甲魁解，辰未甲第，斌斌最隆。爱民而亿兆见休，救灾恤患，屏刑薄赋迄今棠阴之思且益求也。"言未已，而我公邀拜于是阁之上。则见地宇宏阔，规制爽朗，四门洞启，八窗玲珑。栋宇如鸟革之峻起，檐阿拟翚飞之轩翔。盘桓四顾，其壁立万仞而岿然于风尘之上者，恍高贤之峻绝；一望无际而莹彻于清虚之表者，宛达人之空洞；金碧辉煌而灿烂于人之心目者，蔼文章之富美。冷泉关其前，如金汤之四塞而固者，足兴锁钥之思；汾水环其下，而汹涌若万马之奔者，殊壮直前之气。美哉兹地，其因我公兹举而益重乎！然祠之有取于文昌者何？考之天文，文昌丽光九霄，彰化六宇，图书之府，其所司焉。我公身先教化两地，文翁谆谆乎！日与二三子设俎豆、言诗书，所在著朴棫菁莪之化，景风扇物，郁舒蛰奋，当必有名贤接踵相望于旂常钟鼎间。远之追踪裴、狄、温、潞，近之比肩周、韩、杨、薛以润色当代，则文昌之灵，我公之德，赫于穹壤，垂于金石，将肖合矣！然则，是阁之建岂徒然哉！公姓路，字应治，别号养虚。余王姓，国祯其名也，盖与公有世讲之谊云。

静升魁星楼记①

清 拔贡生 翟绶 撰

盖建学明伦三代始焉，维其圣贤辈出，道未归一。我夫子祖述尧舜，

---

①碑记原文实录于清代康熙元年九月所立的魁星楼记石碑。

宪章文武，集群圣之大成，开万古之长夜，诚百世师也。汉唐宋以来，祖其庙于学中，于是国有学，州县有学，飨以春秋，未闻闾里立庙祀焉……先民南塘辈识见卓越，创建圣庙于里中，世道人心大有赖焉，延今三百余年，重修二次，未敢失坠。众沐盛举，议入乡贤，未见发迹，俗以文运中衰，不咎人世，借言地理，尝议建魁星楼庙左，不果。崇祯……怜夫无后，欲捐金以旌夫名愿，施银二十两，以建魁楼。奈时艰未举，堡因御守公议银谷兑用。堡置硝磺，庙筑围墙，均济其急，聊修两廊补其破坏，余银备砖修楼，楼功未举，众借别用。至顺治……蒙孟县宗断东西分会，东在文庙前立会，春冬地铺钱捌两捌钱，乘此，公聚议建魁楼。因查合原施银两，庙内地租，东截士民仍量力捐助，纠众协力，遂成楼功，即塑像金丹仍于棘……所随禀官选贤，将南塘位其中表卓，识励后人。日后会场地铺钱与庙内租，集而公用。每年择公正生员二人，收管经费。后之阔大其规模，不致倾圮，增其书舍作养。夫后学文光炳烺，观瞻严肃，移易……此举以垂芳。

旌介村创修堡记①

明　村人　张元甲　撰

尝闻堡之作也，聿于边鄙以御胡虏。原为朝家之盛典，非出人主之臆造。自古帝王次迄今，或创建，或重修，盖已不知凡几矣。未闻间阎小民不待朝廷公资而匆匆营堡者。而今则老幼壮夫惶惶，惟建堡是虑。曷故哉，因贼寇纷纷残害不已。当壬申之岁，辛亥之月，流寇入其境界，杀人如麻，血流漂杵，妻子已掠，生畜尽无。再岁而贼则屡至，屋室烧毁，田园荒芜。有张元科、张希令等目睹心惨，而群相告，勉曰：若不建堡，我辈胥为沟中疽耳。于是联合同心，十五人各输己资，财力不给又转借贷。当此兵凶并至，虽糟糠不饱，心愈坚而

————————

①碑记原文实录于三晋出版社《静升古韵》一书。

不肯懈怠。人既同心协力，天亦怜悯众生潜佑默助，俾半载而成功。堡已完而水火可极需者，又思穿井之事。连穿二眼俱不成，功半途而废。其次三眼，方抉无涯之水，令一堡取之不穷、用之不竭，可称万福矣。不惟今人得以安生，即后代亦可以固守。欲记其事，非勒石不可□□□□□，草草略叙其事云。

灵沁古道修路碑记[①]

清　邑人　张天渊　撰

窃以遇水安桥，济人之盛事；逢山开路，利永世之良图。改虽不必如砥如矢，人乐周行，亦岂可任其莫往莫来，改取局道？此处旧有小路一条，乃灵石沁源之捷径，山前山后之要途也。奈中隔孝文、石膏诸山，绵亘百有余里。悬崖峭壁，望焉惊心；峻岭崇山，行者却步。斯不惟车马之驰骤匪易，抑亦徒步之跋涉更难。本县赴任王尊，乃令驰跋莫畏，岂同袭蜀邓艾，意亦危木可攀。青峰顶头，石栈洒征人之泪；白云深处，巉岩消游子之魂。原此鸟道，以河堤伤哉，蚕业而谁辟？兹有石膏山主持僧人目击行人之艰，广为募化，更赖善士资助，共为开除。盖以道之通，必先木之接，作之屏之，万夫协力；险之去，乃得路之平，启之辟之，千人同心。从此崎岖无虞，不必借助于开山力士；驮载有赖，何烦告籴于督工樊侯。虽山径未能大抵荡平，而过客已不忧心。訴密为时无期年之久，厥工欣不日之成。勒诸贞珉，兹功乃留于罔替；垂之永久，继起愿望于将来。后之览者，亦将有感于斯文。僧通贤书。

（此碑曾立于石膏山后寨门外）

---

①碑记原文实录于山西省内部图书准印证（07）字第173号《石膏山志》。

万佛下岩重修佛殿铁碑记①

明 嘉靖五年 撰立

平阳府霍州灵石县灵瑞乡东四里石高山，万佛下岩重修佛殿。

盖闻谓此山者，绵山迤南，尖阳迤北，名曰石高山。古旧上中下三岩，白衣菩萨古佛之地。夫白衣菩萨者，汾州府孝义人也。其神不知出于何朝。观音菩萨化身出现，游于此山。岩高万丈，亦无道路，落于上岩石洞坐化。感得石长，抱果真身，至今遗记累岁。境域远近地方，或遇天高，京阳下火云燎，家家忧容，户户懊恼。乃有善信厚祭，必去此山拜祈圣水，至灵有感，随处普降甘霖，万民乐业，无伸答报。后于洪武初年，本山下岩起建堂殿三间，内塑正佛菩萨三尊，左右白衣、龙王圣像。经历岁久，疏漏不堪。旧规狭隘，圣力有感，于嘉靖三年三月中旬，自孝义县游来善僧圆宗，会同伊县允里坊都功德主马公贤、本县在城里纠首裴尚礼、裴尚杰、冯志友、本山僧圆湛，至此一见，遂发虔心，自愿授化十方资财，采办易买应用材料，命工修理殿宇，塑绘金彩圣像，俱各焕然一新。遂颂曰：

> 石高□境在崇修，景致如同五岳峰。
>
> 面对尖阳白衣洞，后连北岳孝文宫。
>
> 荒岳远溢千人迹，龙洞幽深鱼难存。
>
> 云水往来堪观觑，白衣住有石佛岩。

（此碑原在石膏山碑亭，铁质，面积1×0.5米，已佚）

重修石膏山天竺寺碑记②

清 汾阳人 武晰 撰

庚子季夏之初，赵子焕春因重修石膏山天竺寺嘱余为文。余应之

---

① ② 碑记原文实录于灵石《石膏山志》。

曰："余笔墨久疏，又未历其地。而山川形势、庙宇规模，均未目睹，其何以文为？"赵子曰："试述之于口，以备采择焉。"其辞曰：此山叠峦叠嶂，地极险峻，巍峨乎胜境也。古寺创自前明嘉靖，落成于隆庆，至崇祯初年造劫，于崇祯十四年始为补修，皆有碑记可考。今者岁久失修，殿宇坍塌倾废，关心者恻然伤之。乃于光绪十八年与赵君子瑗等，爰集霍州、孝义、沁源、灵石好善诸君子，共议募资补葺。适有高僧至灵，询其人，江南徐州府人也。咨其号，法号道成也。察其意念，利名弗讨，尘念胥消也。欲觅一清净之所，作修真养性之地，今遇石膏山，定厥止焉。于是募化善资，不期而集者二千余缗。即于是年开工，至二十年告竣，此重修石膏山天竺寺之大略也。且夫天地之气，凝而为山。自古称名山者，五岳观止矣。今石膏山东连绵岭，南接霍岳，钟两间之灵秀，成一方之巨观，而其中古刹宝筏有经数十年而振修者，有经数百年而振修者，其殆有数从乎间欤！古来佛教之兴，莫盛于唐国，我朝虽不专尚佛教，而山川岳渎凡有关于民生者，无论天神、地祇皆著为祀典，隆以礼报。观石膏山天竺寺，每遇雨泽愆期，诚祷即灵，其有益于民岂浅鲜哉！故都人士集资补修，以襄善事一敬迩。

神庥之至意云尔，余备闻其说，因叙颠末以记之。

静升王氏创建祠堂并增置茔地记[①]

清 族人 王薰沐 撰

宗祠之建非讨举也。凡以为祀，先计尔筑室于兹，俾始祖灵爽有凭。则历世相继之祖，即支分派远，皆得聚处一堂。而后之子孙世世得为之因时孝享，以奖其诚敬也。念始祖肇基兹土，迹虽甚微，而艰难缔造，不知几为勤劳刻苦，始获瓜瓞绵绵。传而益大，久而弥光。

347

①碑记原文实录于山西经济出版社《王家大院·静升文庙·资寿寺碑文汇编》一书。

附录

继至今，寝炽寝昌，土宇渐广，子孙渐繁。一时身列儒林、名登仕籍者，五十余人。至若农工商贾之俦，各抒所长，以相与著美于时者济济称盛。凡若此者，何莫非祖德宗功之所积，而成焉者也。木本水源之思，其能忘乎？则筑室崇祀宗祠之不容已也，莫此为甚，十数年来前人屡有是谋，而志未克慰。康熙丁酉之秋，十四世孙生员翰、十五世孙体直、君襄、生员凌云、十六世孙奉天五人起意出资，公设酒筵，为增广茔地之谋，聚族公议，而兼谋祠堂之筑。合族闻声欢欣，踊跃鼓舞，各为量力而捐资。其资不足者，亦愿营工而效力。爰择监生图中、岁贡君赆、生员梦麟与共总其事，而相助为理焉。其时约捐银五百两。因旧茔狭隘，四面买地七十五亩五分，价银壹佰玖拾肆两零伍分。余银叁佰两有余，以为创建祠堂之费。戊戌三月朔日，度地置基，卜云孔吉，鸠工庀材，建正室三间，门屏三间，内外墙垣环备。两旁设守祠舍，朝夕供洒扫焉。除捐银两外，加十分之二五以充费，而仍不克观成。岁贡候选州同麟趾复捐银若干两，吏部候选州同寅德复捐银叁拾两，以终其事。而宗祠于焉观成。是役也，起于戊戌四月吉日，越己亥七月末工竣。夫历来宗祠之建，固所以崇祀先祖，兼合飨继世之群宗也。岂过举哉？而后之子孙世世相承，春露秋霜，岁时伏腊，咸为之得以尽志，聚笑言欢，依然有一室一家之乐。则联情睦族之道，未尝不于是寓焉。洵盛举也。今而后，愿子子孙孙景仰前徽，敬承先绪，世守勿替焉，则幸甚矣。勒石垂后，族人嘱愚为序，爰记始末，以为后世子孙劝。

集广村增修堡子碑记①

清　邑庠廪膳生员　张尊美　撰

□□□王嘉胤初渡河，由临县而南直犯我疆。其时官不言兵，

---

①碑记原文实录于三晋出版社《静升古韵》一书。

民不备乱，甫其锋劫如天而下，凡一切盖藏头畜抢掠几空。由是□□□□绝，而穷乡旷野间遂无宁所矣。及甲戌冬十月二十五日，八大王张献忠同蝎子塊、满天星等贼众数万突至□□□□头艾女同逃沟壑，一时战栗之状等于风鹤皆兵。而来年春三月再至，秋七月又至。前辈何天民等，于万难图□□□□间义勇有为之士，若张国本、何应命、何一诚、张朝德等，建堡于村之东北岭，相其便宜，图其广狭高深，务□□□□侵害。继至午未间，闯逆犯阙，盛朝鼎兴，羽书旁午，供役繁难，而父老子弟不困于贼则困于兵。□□□□堡之垣墙圮坏，似非昔比矣。顺治六年辛卯夏，姜襄煽惑，云中绵寇望风拥聚，逼余乡朝夕为害。□□□□为修饰，复增东西悬楼二间，门楼三楹，栅外迭台二座，与乡人坚壁固守，始终无恙。竿□□□□向之裋褐沾体者，今已绣裳锦茵矣；向之臭粮备囊者，今已基饮食肉矣；向之敝间破垣野，□□□□迟矣。室家保聚，作息嬉游，与遭黎辈，偶拈昔日流离之事，侧耳听之如痴人说梦，含笑而去。嘻！□□□□圣明有道，使没身不见兵革之患已足矣，而思患预防，安不忘危之意，不可不令我后人知之也。

修复王家大院碑记[1]

耿彦波 撰

国有故宫而知皇室之威严，民有王宅而知晋商之显赫。明清之际，海内最富者山西也，山西最富者晋商也，晋商最富者灵石王家也。兴建于清朝乾隆、嘉庆年间之王家红门堡、高家崖建筑群，依山势而突起，藉风水而耸立，居高临下，负阴抱阳，层楼叠院，随形生变，厅堂儒雅，闺阁富丽，雕饰精美，兼融南北，覆压三万余平方米。大宅深院五十四幢，房屋一千零五十二间。继商周文明之古风，集华夏民

349

附录

——————————
①碑记原文实录于1999年8月所立《修复王家大院碑记》。

居之大成。高品位文化价值占尽风流，四海民居望其项背；大规模宏伟格局雄睨天下，九州建筑失其颜色。静升王家富甲天下，斯作证也；灵石文化底蕴厚重，此为表也。然二百年风雨沧桑，十年"文革"，王氏民宅尘封土掩，疮痍满目，藏在深山，世人未识。一九九五年四月，灵石县人民政府决定修复王家大院，循修旧如旧之原则，小修起步，精心积累经验，翌年三月成立修复指挥部，全面展开浩大修复工程，历时五载，搬迁二百一十二户，动用土石九千九百余方，青砖三百余万块，木材三千五百余方，工程队五十八家，总投资三千余万元，修复红门堡、高家崖、祠堂院三处建筑群，重修堡门、堡墙，新修停车场一万二千平方米。王宅修复，百年盛事；国之瑰宝，东方明珠；世人惊识，声誉鹊起；游客如云，遐迩闻名；光耀神州，福荫子孙；开我灵石旅游产业之先河，树我灵石文化名县之基石。特勒石以志。

修复王家大院总指挥李计明，副总指挥蔺计爱、张国华、孟贵生、阎耀忠、田应松，设计张福贵，监工李志唐、王年玺、王吉棉，王宅文化研究员仇晓风、温述光，布展及园林侯廷亮。静升镇及静升村倾力支持，功当记载。

修复崇宁堡碑记[①]

张佰仟　张学良　撰

崇宁堡，俗称西堡子，位于静升村西最高处，取"虎卧西岗"之吉，为王家大院"五堡"之一。清雍正二至六年，静升王氏家族于元、明老宅之后建堡，意在崇尚和宁。斯堡，同整个静升村一样，绵山抱于左，清流绕于右，面翠屏揽月，背九凤朝阳，院落层叠，垣墉四围，面积三万五千余平方米。嘉庆十三年，族人曾补修堡墙。历经近三百年风雨沧桑，倾圮坍塌，本色尽失。一九九七年，随着视履、恒贞两

---

①碑记原文实录于2007年岁次丁亥仲春所立《修复崇宁堡碑记》。

堡垒的修复开放，王家大院声誉鹊起，知名海内外。二〇〇三年十月，王家大院所在地静升又被列为首批中国历史文化名镇，随之，灵石县人民政府本着"严格保护，有序管理，合理开发，充分利用"的原则，为进一步保护和呈现古镇原初风貌，决定吸纳民间投资。古镇集广村人张维勤先生积极响应，开民间保护之先河，慨然解囊，为崇宁堡全面修复竭尽全力，并于次年五月九日开工，历时年余，二〇〇五年九月二十九日竣工，对外开放。创设于堡内的"力群美术馆"，是我国当代著名版画家邑人力群先生艺术生涯的永久归宿。同时于堡外坡道下建石牌坊一座、停车场两处，又修联璧桥一座、道路二公里，绿化周边六十余亩，总投资三千七百余万元，而且基础设施配套，服务功能齐全，集吃、住、行、游、购、娱为一体。崇宁堡原貌再现，顺天应人，留泽后世，功德无量。为示后人有知，乃铭文勒石，是为记。

　　修复过程中，灵石县委、县政府，静升镇党委、政府，王家大院民居艺术馆，静升村民委员会以及有关社会各界鼎力相助，功当记载。

（参与修复崇宁堡单位个人略）

附录

后 记

　　这本书是我继 2016 年出版《文化静升》一书之后，完成的又一本关于家乡灵石历史文化研究的专著。本书主要对分布在全县城乡的各类重点历史名胜（包括自然名胜及部分已毁不存的古迹）和文化遗址作了粗浅的考证与陈述。虽不敢预测出版后将会产生什么样的反响，但倍感欣慰的是，我作为一名长年在外工作的游子，利用有限的假日和业余时间，为家乡的文化旅游事业又做了一件实实在在的事情。

　　这项研究工作从入手到结束，历时 3 年多的时间。全书在资料的采集和行文表述上，自始至终本着"尊重历史，不偏不倚，客观取舍，平实记录"的原则，共完成文稿近百篇，吸纳各类名胜古迹（含遗址）100 余处。并在内容上，还增加了附录部分，主要收录了有关灵石各类名胜的历史传说、诗词歌赋、碑文选录三项内容，以作为本书的补充。最后在汇编定稿时，经过广泛征求意见和再三斟酌，敲定书名为"灵石名胜文化"。

《灵石名胜文化》一书的正文共分为三个部分，即：历史记忆、历史遗存、历史风华。其中，第一部分的历史古迹虽已不复存在，但它们是灵石文化底蕴不可缺少的一个很重要的组成部分。譬如，灵石老城、灵石县衙署、灵石文庙、冷泉关城、冷泉宫等，这些名胜古迹见证了灵石地域文化的久远，无论到任何时候，历史都不会把它们忘记。第二部分是分布在全县范围内的各类名胜遗址与遗存，它们有的主体尚存，有的面目全非，还有的只剩下残砖碎瓦。譬如，人文遗址、寺观庙宇、建筑标志、古堡民居、街道巷子等。尽管其程度不同地都失去了原有的风貌，但它们依然是本土的历史文化符号，记录着境内有过的历史事件、时代的演变更替、百姓的追求信仰、居所的发展变化以及淳朴的民俗风情，等等，是有迹可循的人文资源。第三部分是保存完好和近年来全面修复和开发的名胜古迹（包括自然名胜），它们无论寺庙宗祠还是各类标志建筑，也无论古堡民居还是人文山水，都从不同角度展示出历史的风华。譬如，王家大院、资寿寺、静升文庙、静升明清街、石膏山、红崖峡谷等，成为灵石历史文化的亮点而为世人称道。

客观地说，这本书无论从内容的深度还是广度上，都远远未能涵盖灵石的全部历史风物。唯一感到满意的，是境内的重点名胜古迹基本上都在其列。这里需要说明的是，书中有不少古迹，由于历史久远，又无文字记载，因此其资料来源只能靠走访获取，这样便难免存在不妥和失实之处，还望家乡父老及有识之士予以谅解，权当本书的出版为抛砖引玉之举。此外，在本书的资料采集和编写过程中，为了尽可能全面准确地反映灵石名胜古迹的历史原貌，笔者在实地考察的基础上，查阅了现存的《灵石县志》历代版本与近年来出版的一些有关灵石文史方面的书籍，以及县文物管理所提供的部分文物普查资料，走访了 40 余位家乡的有识之士与乡友、乡民，为本书的完成提供了很大的帮助。

此外，在本书编辑出版过程中，得到了我所在单位山西省艺术研究院领导及家乡文化艺术界诸位老师的大力支持和热情帮助。这里应该特别提及的是，省艺术研究院的各位领导不仅多次为我本人鼓励鼓劲，而且还为本书的出版给予一定的经费补贴；还有家乡灵石籍的民间艺术大师郭成保先生忙里偷闲，为本书的封面、扉页及内文绘制了多幅美术插图；王家大院文物展览科的任虹霞老师，牺牲休息时间，加班加点绘制了冷泉关部分古迹的复原图；教育局的刘计亮老师，精心题写了书名并刻制了篆章；摄影家侯升翔先生提供了大量珍贵的新旧图片资料。尤其值得一提的是，在本书完稿之后，与我同为家乡灵石籍的原晋中市文联副主席、散文作家温暖（温述光）老先生，虽已耄耋之年，但得知书中所写内容为家乡之事时，不辞疲累，在通阅书稿过程中，不仅对其中多数文稿作了批改，还欣然为本书作序；山西省艺术研究院闫石先生，热情协助本书的出版，牺牲休息时间，加班加点，担负了全书的版面编排设计，在此一并表示诚挚的谢意！

由于笔者经验不足，水平有限，加之多数名胜资料严重缺乏，书中不妥和谬误之处在所难免，望各位专家和读者批评指正。

侯可

2022 年 12 月 18 日

图书在版编目（CIP）数据

灵石名胜文化 / 侯可著 .—太原：山西人民出版社，2023.5

ISBN 978-7-203-12558-7

Ⅰ.①灵… Ⅱ.①侯… Ⅲ.①名胜古迹—史料—灵石县 Ⅳ.①K922.54

中国国家版本馆 CIP 数据核字 (2023) 第 057849 号

灵石名胜文化

著　　者：侯　可
责任编辑：魏美荣
复　　审：傅晓红
终　　审：贺　权
装帧设计：闫　石

出 版 者：山西出版传媒集团·山西人民出版社
地　　址：太原市建设南路 21 号
邮　　编：030012
发行营销：0351-4922220 4955996 4956039 4922127 (传真)
天猫官网：https://sxrmcbs.tmall.com 电话 :0351-4922159
E-mail：sxskcb@163.com 发行部
　　　　　sxskcb@126.com 总编室
网　　址：www.sxskcb.com

经 销 者：山西出版传媒集团·山西人民出版社
承 印 厂：山西润金容印业有限公司

开　　本：787mm×1092mm 1/16
印　　张：22.75
字　　数：300 千字
版　　次：2023 年 5 月　第 1 版
印　　次：2023 年 5 月　第 1 次印刷
书　　号：ISBN 978-7-203-12558-7
定　　价：118.00 元

如有印装质量问题请与本社联系调换